まるごと
体育遊び
ゲーム

みんなでうまくなる BEST

113

黒井信隆【編著】

いかだ社

この本を手にされた皆さんへ

体育遊びで育ってほしい子ども像

　近年、生活環境の変化により、子どもたちの日常生活における身体的活動が少なくなり、基礎的運動能力が身につかないまま、体だけ大きくなっている現象がみられます。本書は、次のような子どもに育ってほしいとの願いで書かれたものです。

1　みんなで技術を共有できる子どもたちに

　体育遊びで子どもたちが集団で学ぶのは、「みんながうまくなること」を学習するためです。グループで教えあい、学びあうことで、自分がどのくらいうまくできているのかが、よりわかるようになっていくのです。

　"できる子"は"できない子"を見ることでどこができていないのかを見つけ、どうしたらよいかがわかります。"できない子"は"できる子"を見ることでやり方がわかり、できるようになります。

　「どうすればうまくできるのか」という技術をみんなで共有できる子どもに育ってほしいと思います。

2　たのしいスポーツや遊びを創造できる子どもたちに

　体育・スポーツが"できる子"も"できない子"も、みんながたのしめる遊びやゲームを創り出し、ルールを考え、変えたりできるような子どもに育ってほしいのです。

3　協力しあい、自分たちで実行できる力のある子どもたちに

　ゲームをする場合、コートのラインを引く、ゴールを運ぶなどの準備や後片づけをしなければなりません。こうした準備や後片付けを、話しあい協力しあって、自分たちでやりとげられる力を身につけていく子どもに育ってほしいのです。

体育遊びでつけさせたい基礎的運動感覚

　体育遊びで子どもたちにつけさせたい力は、いろいろな考え方がありますが、やはり小学校低・中学年へと進むうえで質的に発展していくものですし、その基礎になるものでなければなりません。それが基礎的運動感覚です。

　「基礎的運動感覚」とは、基礎的運動能力一般を指すのではなく、体系的な運動学習を行う上で特に重要となる運動感覚を言いそれらを意図的計画的、特には集中的に体験する中で「感覚」として意識化していくことを目的としたものである。またこのことは、「運動技術の認識」に発展するための土台としての「運動知覚」であることを意味する。(『体育・健康教育の教育課程試案』p40より　創文企画、2003年)

　基礎的運動感覚は、本来は幼児・児童の生活や遊びの中で、他者のいろいろな働きかけによって、ごく当たり前に身につき、育ってくるものです。しかし今日のように、仲間・時間・空間が保障されず、地域での遊び集団が解体されようとしている状況の中では、意図的に形成する努力が、とりわけ重視されなければなりません。

　次の3つの基礎的運動感覚を身につけることを通して、運動機能の基礎を築くことが大切です。

1　姿勢をコントロールする運動感覚
（立ちなおり反射、逆さ感覚、回転感覚、方向感覚、バランス感覚　など）

　これは、「自分の体が回転した時、元に戻れる反射が習得されている」といった、バランスが崩れた時に自分の体がどうなっているかがわかる力です。

　なかでも「逆さ感覚」は特に重要です。日常生活では、頭が下で重心（おへそ）が上になることはほとんどありませんから、意図的に遊びなどに取り入れていくことが大切です。

●固定施設の遊び

ぶら下がる、登る、回転する、逆さになる。これらの動きがたくさん含まれた遊びを工夫して、「空間での位置感覚」「空間での姿勢制御力」を身につけさせましょう。

●器械運動遊び

マット、鉄棒、とび箱などを使って、体をコントロールする姿勢制御力を身につけさせましょう。

●水遊び

水中で歩く、走る、もぐる、浮くなど。体のコントロールを中心に遊びを工夫し、「水中での姿勢制御」「水中での位置感覚」を身につけさせましょう。

2　物や人の動きを予測・判断する運動感覚

●ボール遊び

ボールの空間移動をどう読みとるか、落下地点にどうすばやく移動するか、空いた場所へどう動いてボールを受け取るかなど、ボール・味方・相手に対して予測・判断する力を身につけさせましょう。

●鬼ごっこ

鬼から逃げる、つかまえるという、相手に対する予測・判断をともなう身体制御が必要になってきます。

3　スピードやリズムをコントロールする運動感覚

走る、くぐる、まわる動きと、そのスピードやリズムをコントロールできる力です。具体的には、これらの総合的な能力を養う障害走などが当たります。

●障害走遊び

走りながら川の手前でスピードをゆるめるなど、川や障害物をとび越える時の「踏みきり支配における姿勢制御」（踏みきりのタイミング）を身につけます。

以上３つの運動感覚を身につけるためには、自分の体を動かし、友だちと一緒に遊ぶたのしさを味わいながら取り組む姿勢が欠かせません。とりわけ、子どもたちが「できた」という達成感を感じることが重要です。「できる」ことにしっかり取り組むことで自信を持たせ、「もっとやりたい」という気持ちを高め、さまざまなことに挑戦させていくようにしましょう。

　また、集団の中で「できた」喜びをみんなと共有させることも心がけたいものです。

たのしい体育遊びにするために

①できなかったことができるようになったという成功感や達成感を子どもたちに
②わからなかったことがわかったというわかる喜びを子どもたちに
③友だちや先生から認められたり、新しい技を発見・発明する喜びを子どもたちに

　子どもたちがこれらの喜びを味わうことができたら、きっと体育遊びが好きになることは間違いないでしょう。

　体育の授業はもちろんのこと、学級づくりのゲーム遊び、生活発表会、参観日、学年球技大会、児童会主催の全校球技大会、校内マラソン大会、運動会実践、学童保育の実践、放課後の遊び、家庭生活のなかでも活用していただければ嬉しく思います。

黒井信隆

目次

ボール遊び 105

固定施設の遊び

　固定施設の遊びは、マット遊び、とび箱遊び、鉄棒遊びの最初に位置づけられる遊びです。ここではジャングルジム、うんてい、平均台などの固定施設を使った遊びを取り上げています。

　登ったり、ぶらさがったり、振ったり、まわったり、逆さになったり、バランスをとったりして、回転感覚、平衡感覚、振動感覚、けんすい力、腕支持能力、空間感覚ほか多様な力を身につけていきます。

　遊びを工夫・拡大して、さらに発展させながら、運動の基礎となる力を身につけていくことが大切です。

ジャングルジム遊び

ねらい
- 逆さ感覚、回転感覚、腕支持能力、バランス感覚などを養う。
- 登ったり下りたり横伝いに歩きながら、空間でのバランス能力を養う。
- 登り下りや横移動をしながら、鬼ごっこができる。

対象
幼児、低学年
人数
1グループ4〜5人

① 手足を交互に使って、ジャングルジムを登ったり下りたりする。
② 今度は、低い1〜2段を使って、ジャングルジムの外まわりを横歩きする。
③ 慣れてきたら、高い段を使って②を繰り返す。
④ ジャングルジムの中ほどを使って、犬歩きなどで歩いたり、体を伸ばして腹ばいになったり、いろいろな遊びを工夫させる。自分の考えたポーズは名前をつけて発表させる。

指導のポイント

- 登り下りは、足の運びと手の運びがリズミカルに交互にできるようにする。
- 重心を移動したりバランスをとるために、両手でしっかりパイプを握って体重を引き上げたりする遊びを繰り返して行なうようにする。
- 鬼ごっこの時間は、少し短いと感じる程度で数回行なうほうが有効。

ジャングルジム鬼ごっこをしよう

① 鬼は最初1人にして、だんだん2人、3人に増やしていくとよい。時間は1分くらいにする。
② グループ対抗で、鬼にタッチされない人数が多いチームを勝ちにしてもおもしろい。

登ったり下りたり

外まわりを横歩き

ジャングルジム遊びのいろいろ

犬歩き

おさるの逆立ち

腰かけ登り

両手ぶらさがり

おなかで支えて手放し

お馬さん

ジャングルジム鬼ごっこ

まて～！

ボクも
オニ!!

鬼

うんてい遊び

ねらい ●両手でぶらさがり、上体を振って、タイミングよく前方・側方に移動できるようにする。
●うんていを使った遊びを通して、けんすい力や空間での身体支配能力を養う。

対象
幼児、低学年
人数
1 グループ 4 ～ 5 人

① 両手でぶらさがり、体を振ったりする。体を振った時、一方の手を持ちかえるタイミングをつかむ。
② 手を交互に持ちかえ、横パイプを1つずつ前方に進む。
③ 今度は②を1つおきに進む（1つとばし）。
④ 次に、側方に1つずつ移動できるようにする（横わたり）。
⑤ うんていの上を四つ足で歩いたり、立って歩いたりする（はしごわたり）。
⑥ 慣れたら、体を前後・左右に振ったり、足たたきをしたり、2人組になって足ジャンケンをしたりして、足の動きに変化をつけてみる。

指導のポイント

●けんすい力の弱い子どもには、体の振りと持ちかえのタイミングをつかませるために補助し、自分で遊びを工夫させる。
●恐怖感を取り除くために、うんていの下に安全マットを敷いてやるとよい。

うんてい足ジャンケンをしよう

グー：足を閉じる
チョキ：足を前後に開く
パー：足を横に開く

体を振ってみよう　　1つずつ進む　　1つとばし

横わたり

四つ足歩き

はしごわたり

うんてい足ジャンケン

わーい
勝った!!

パー　　グー　　チョキ

うんてい片手ジャンケン　　うんていこうもりジャンケン

ろくぼく遊び

ねらい
●両手・両足を交互に使って、高い所に登れるようにする。
●高さに慣れ、いろいろな動きやゲームを工夫する。

対象
幼児、低学年
人数
1グループ4〜5人

① はじめは1段から、手足を交互に使って、ゆっくり横につたい歩きをする。
② 今度は、2段・3段・4段と少しずつ上げていき、高い所を横歩きする。
③ 慣れてきたら、片手・片足を放したり、1周まわって戻ってきたりする。
④ 次に、両手・両足を交互に使って、高い所まで登ったり下りたりする。
⑤ 慣れてきたら、手や足を放してぶらさがったりする。

指導のポイント

●横歩き・登り下りを十分にさせてから、片手・片足で体を支えられるようにする。
●恐怖感を取り除くために、ろくぼくの下に安全マットを敷いてやるとよい。

ろくぼくドンジャンをしよう

① 2グループに分かれ、ろくぼくの一角にそれぞれの陣地を決める。
② そこから横づたいにわたり、出会った所でジャンケンをする。
③ 勝ったらそのまま進み、負けたら次の子と交代する。
④ 相手の陣地に先にタッチしたほうの勝ちとする。

横につたい歩き　　　　片手・片足を放す　　こうもり

ろくぼく遊びのいろいろ

登り下り　両手ぶらさがり　おなかで支える　くぐりぬける

ろくぼくドンジャン

平均台遊び

ねらい
- ●体のバランスをとりながら、前や横に歩いたり、立ったり座ったりできる能力を養う。
- ●平均台を使ったいろいろな遊びやゲームを工夫させる。

対象
幼児、低学年
人数
1グループ4〜5人

① バランスをとりながら、前方や側方に歩く。
② 四つ足で前方に歩く。
③ バランスをとりながら、立ったり座ったり、片足で立つようにする。
④ 平均台を2本平行に並べたり、縦に2本つないだりすると遊びも多様になってくる。

指導のポイント

- ●日常生活の中でバランス感覚を養う遊びが少なくなってきているので、いろいろな遊びを工夫させて、遊ばせるようにする。
- ●恐怖感を取り除くために、平均台の下に安全マットを敷いてやるとよい。

平均台ジャンケンをしよう

① 平均台を縦に2本つなぐ。
② 2グループに分かれ、平均台の両側にそれぞれ並ぶ。
③ 両グループ最初の人が前に進み、出会った所でジャンケンをする。
④ 勝った人はそのまま進み、負けた人は下に下りて次の人がスタートする。再び相手と出会った所でジャンケンをする。
⑤ ジャンケンに勝ち、早く相手側の陣地に着いたほうを勝ちとする。

前に歩く

横に歩く

四つ足で歩く

立ったり

座ったり

片足で立つ

平均台を２本並べて

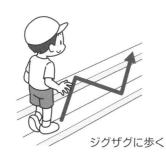

ジグザグに歩く

両足とびで歩く

平均台ジャンケン

登り棒遊び

ねらい
- 両手・両足を使って高い所に登り、高さに慣れ、けんすいの能力を養う。
- 登り棒を使ったいろいろな遊び・ゲームを工夫させる。

対象
幼児、低学年
人数
1グループ4〜5人

① 手を放さないで棒にしっかりつかまり、両足の裏側で支える。

② 両手を伸ばしてしっかり握り、両足を引きつける。両手・両足を交互に使って棒に登る。

③ 下りる時は②と反対に、両手・両足を交互に使ってゆっくりスピードをコントロールしながら下りる。

④ 片手放し、逆立ちバランスなど、いろいろな遊びを工夫する。

指導のポイント

- 初心者には裸足で指導するほうが、すべりにくく登りやすい。
- 両手でしっかり握り、上体を引きつける。その時、足の裏を使って登り、上体を支えるようにする。
- 恐怖感を取り除くために、登り棒の下に安全マットを敷いてやるとよい。

登り棒鬼ごっこをしよう

① 鬼を1人決め、他の人は10数える間に逃げる。

② 鬼はその後、登り棒を登ってタッチしていく。タッチされたら鬼は交代する。

棒にしっかり
つかまって

ゆっくり下りる

両足を
引きつける

登り棒遊びのいろいろ

片手放し　　逆立ちバランス　　腰曲げバランス　　逆上がり

棒まわり　　棒わたり　　くもの巣　　ブランコ振り登り

登り棒鬼ごっこ

鬼

21

固定施設の遊び

たんけん遊び

 ねらい
●いろいろな固定施設を使って、遊び方を工夫することができる。
●みんなで協力して学習することができる。

対象
幼児、低学年
人数
1グループ4〜5人

① グループごとに、まわりたい施設や遊具を4種目決める。
② 各遊具や施設をはじめから終わりまで通してまわる練習をする。
③ グループごとにローテーションして運動する。
④ 1人ずつコースをまわる様子を見せ合う。

指導のポイント

●道具・遊具を増やしたり、置き方を変えたりしたほうがおもしろいものがあれば、話し合って工夫するとよい。

とび箱、マット、タイヤなどで新たに遊具をつくるとおもしろい。

ステップのある山

ジャングルジム

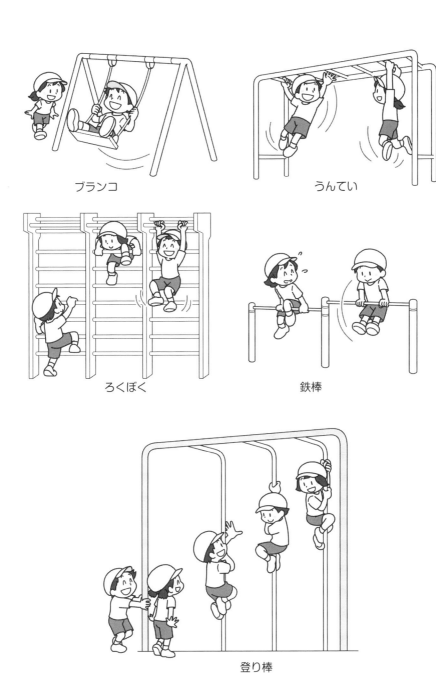

ブランコ

うんてい

ろくぼく

鉄棒

登り棒

固定施設の遊び

アスレチック遊び

ねらい
- いろいろな用具を登ったり、下りたり、とんだりできるようにする。
- 用具をいろいろ並べかえて、遊びを工夫することができる。

対象
幼児、低学年
人数
1グループ4～5人

用具を並べ、いろいろな運動を連続してやる。

＜例＞
① またぎ越しをする。
② 腕立てとび上がりをして、とび下りる。
③ 高い台によじ登って、とび下りる。
④ 落ちないようにバランスよくわたる。
⑤ とび上がりからとび下りをする。
⑥ 連続で両足とび越しをする。

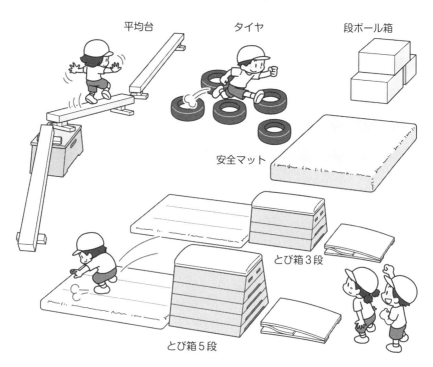

平均台　　タイヤ　　段ボール箱

安全マット

とび箱3段

とび箱5段

指導のポイント

●①〜⑥のやり方だけでなく、子どもにいろいろ工夫をさせて、おもしろいとび方、下り方などを発表させる。

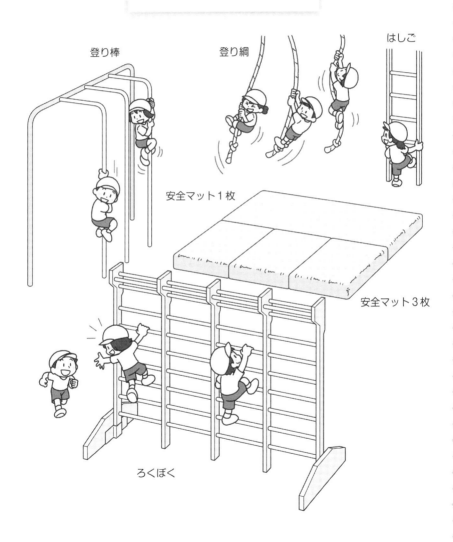

登り棒

登り綱

はしご

安全マット1枚

安全マット3枚

ろくぼく

固定施設の遊び

トランポリン遊び

ねらい
- ●タイミングを合わせて、ジャンプする方向が真上になるよう、体をコントロールすることができる。
- ●空間でのバランスを保ち、空間感覚を養う。

対象
幼児、低学年
人数
1グループ4～5人

① はじめは高くとばないで、弾みだけで上がる感覚をつかませる。
② 腰を伸ばし、体をまっすぐにして①を繰り返す。
③ 慣れてきたら、下りる時にひざを曲げ、上がる時に立つ、といった工夫をしてやってみる。
④ 2人や3人でタイミングを合わせてとんだりする。

指導のポイント

●首や体を反らせて胸から落ちると危険なので、トランポリンの左右に付き添い、外にとび出ないように補助する。

安全のため、トランポリンのまわりにマットを敷いておく

腰を伸ばしてとぶ

ひざ曲げ下り

足出し腰下り

ひざ曲げ着地

腰着地から立ち上がる

26

体ほぐし遊び

　近年特に、子どもたちの「運動機能」の低下が見られます。

　このような今日の子どもたちの体の変化に対応して、体育の授業で＜体ほぐしの運動＞という教材が取り上げられるようになりました。このことばには「体をほぐす」意味と「運動遊び・からだ遊び」の意味が含まれています。＜体ほぐしの運動＞については、「体と心を一体として」捉え、感情や理性も豊かなものにしていく必要があるでしょう。

　子どもが親しみやすい運動遊びの中に、幼児・小学校低学年で身につけなければならない身体・運動感覚を豊かに含んだ運動を取り入れる必要性がますます求められています。

　ここでは、体を曲げることにより柔軟性を身につけ、いろいろな工夫ができる遊びをのせています。

体ほぐし遊び

ブリッジ遊び

ねらい ●体を曲げることにより、柔軟性を身につけ、いろいろなブリッジを工夫することができる。

対象
幼児、全学年

人数
1グループ4～5人

① 足を開いて立ち、上体を後ろに曲げる。

② 2人1組になり、上体を後ろに曲げたままジャンケンをする。

③ ひざをついて、上体を後ろに曲げる。

④ 頭が床についたら、また上体を起こす。

⑤ いろいろなブリッジをつくってみる。

指導のポイント

●はじめは「下からブリッジ」をやらせ、これでブリッジの形がわかったら、いろいろな方法でブリッジをつくってみる。

ブリッジくぐり遊びをしよう

何人かでブリッジをつくり、その下をくぐる。

いきまーす

トンネルくぐりみたい

立ったままブリッジ

ブリッジしたままジャンケン

ひざをついてブリッジ

下からブリッジ

上からブリッジ

上向きに寝て、両手両足を床につけてから、体を持ち上げるようにする

歩いてブリッジ

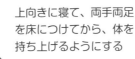

腕をしっかり伸ばそう

体ほぐし遊び

背中合わせとシーソー遊び

ねらい ●2人組になることにより、柔軟性を養い、背中を合わせたいろいろな遊びを工夫することができる。

<table>
<tr><td>対象
幼児、全学年</td></tr>
<tr><td>人数
1グループ4〜5人</td></tr>
</table>

① 2人1組で背中合わせに座り、揺らしたり、相手の上にかるく乗ったりする。
② 呼吸を合わせて一緒に立ち上がる。
③ 今度はあぐら座りで背中を合わせ、交互に一方の背中に体重を乗せる。
④ いろいろなシーソー遊びを工夫する。

指導のポイント

●いろいろな姿勢で体を動かすと気持ちがいいことがわかるようにする。

揺らしたり、かるく乗ったり

一緒に立ち上がる

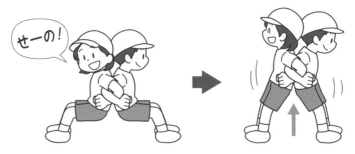

せーの!

あぐらで背中合わせ（交互に体重を乗せる）

シーソー遊びのいろいろ

背中合わせで歩く　　　背中をドッキングさせる　　交互に下を向いたり、
　　　　　　　　　　　　　　　　　　　　　　　　　上を向いたり

両手を握り合う　　　　　　　　手を合わせて交互に押し合う

交互に姿勢を変えて引き合う

動物歩き遊び

ねらい ●いろいろな動物になって歩くことにより、体
重の重心移動がうまくできるようにする。

対象
幼児、低学年
人数
1グループ4〜5人

①　犬のように歩く。

②　ねこのように歩く。

③　いろいろなカニ歩きをする。

　(1)　カニ歩き……両足の内側から腕を差しこんで足首
　　をつかみ、腰を落としたまま歩く。

　(2)　上向きカニ歩き……後ろに両手をついて体を起こ
　　し、前後左右に歩く。腰を伸ばして平らにする。

　(3)　上向きカニ走り……上向きカニ歩きの体勢から、
　　前後左右に走る。

④　あざらし歩きをする。
　両手を前について腰を伸ばし、両手だけで歩く。

⑤　ヘビ歩きをする。
　腹ばいになってひじをつき、体をくねらせながらひ
　じで歩く。

⑥　しゃくとり虫歩きをする。

　(1)　両手を前について腰を高く上げる。

　(2)　両手で3歩ほど歩く。

　(3)　よく腰を伸ばす。

　(4)　一気に腰を引き上げる。

指導のポイント

●同じ歩き方でも、歩幅や
リズムを変えて、楽しみ
ながらいろいろな歩き方
ができるようにする。

犬歩き

ねこ歩き

カニ歩き

上向きカニ歩き

上向きカニ走り

あざらし歩き

ヘビ歩き

しゃくとり虫歩き

体ほぐし遊び

ヘビの皮むき

対象
中・高学年
人数
1グループ5〜6人

ねらい ●グループで協力して、体を動かす心地よさに気づき、いろいろな遊びを工夫することができる。

① グループごとに縦1列に並び、腰を下ろす。
② 足を広げ、前の人はその間に座るようにする。
③ あおむけに寝て、後ろの人の足の下に手を通す。
④ 後ろの人の腰をつかみ、足を伸ばす。
⑤ 後ろの人から順に立ち上がる。その時、手を放さないように腰をしっかりつかむ。
⑥ 皮を脱ぐように、引っぱられて順々に立ち上がっていく。

指導のポイント

●ゲーム感覚でグループ同士が競争すると、盛り上がっておもしろい。

34

器械運動遊び

　マット遊び、鉄棒遊び、とび箱遊びでは、姿勢をコントロールする力が大切です。自分の体が回転した時、元に戻れる反射が習得されているのか、つまり、バランスが崩れた時、自分の体がどうなっているか、わかる力です。

　なかでも逆さ感覚は特に重要です。日常生活のなかで、頭が下でおへそ（重心）が上になることは、ほとんど見られません。ですから、意図的にそういった状況を取り入れた遊びをしていくことが大切です。

　マット遊びでは、マットの上でいろいろな遊び（動物遊び、ころがり遊び、逆立ち遊びなど）のおもしろさを味わい、工夫しながら、体を両腕で支えたり、逆さになったり、まわったりなど、自分の体をコントロールする力を身につけさせます。

　鉄棒遊びでは、鉄棒運動に必要な「逆位」「回転」の感覚づくり、「手首の返し」「体のスイング」などの技術づくりを、鉄棒の下の技を中心に行ないます。

　とび箱遊びでは、マット遊び、鉄棒遊びと比べて、多くの技を続けて表現することが難しく、1つの技による表現として完結しているところに特徴があります。したがって、助走から着地までの一連の動きをどのように組み立てるかが、技術の中心になります。

器械運動遊び【マット遊び】

動物遊び
くまさん歩きのいろいろ

ねらい
- ●体重の平面移動を中心にした四肢の感覚遊びを身につける。
- ●両腕で体重を支え、重心が移動する感覚をつかむ。

対象／幼児、全学年
人数／１グループ４〜５人
用意するもの／ロングマット

指導のポイント

- ●前方・後方・左右いろいろな方向に歩けるように工夫させる。
- ●目の位置よりも腰（重心）が高い位置で歩けるようにする。

手足交互　四つ足になって手のひらをしっかりマットにつけ、顔は前方に向けて、手足を交互に出す。

体重を両腕にかけ、
体をしっかり支え
ながら歩く

手足一緒
① 左手・左足を同時に出し、次に右手・右足を出す。
② もう一つのやり方として、左手・右足を同時に出し、次に右手・左足を出すのもある（①②両方ともやるほうがよい）。

①左手・左足一緒に
前→右手・右足一緒
に前　の繰り返し

器械運動遊び【マット遊び】

あざらしさん

 ねらい ●両腕での体重の重心移動を身につける。

対象／幼児、全学年

対象／幼児、全学年
人数／１グループ４〜５人
用意するもの／ロングマット

① 下半身は伸ばしたままで、両腕だけで歩けるようにする。
② その時、手のひらは左右（外側）に向けて、マットにぴったりつけて、交互に移動する。
③ 両腕の交互の移動と同時に、腰を左右にくねらせると、スムーズに進むことができる。

指導のポイント

●腰から下の力を抜いて、足をすっていくのがコツ。

 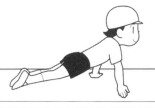

左右交互に手を前に出して、両足を引きずって前進する

手を横にして前に出して体を引っぱらないと、前へ進めないよ

バリエーション

あおむけあざらし　　　　　あざらしおやこ

器械運動遊び【マット遊び】

しゃくとり虫さん

 ねらい ●両手・両足で突っぱる感覚を身につける。

対象／幼児、全学年	
人数／１グループ４〜５人	
用意するもの／ロングマット	

①　両手は肩幅に広げ、ひじを伸ばす。
②　腕立てふせの姿勢から、両足を「ポン、ポン、ポン（イチ、ニィー、サン）」のリズムで両腕に引きつける。
③　その時、腰の反動だけで引き上げられるようにする。
④　次に、両足はそのままで、両腕だけ３〜４回くらい前へ突き放す。
⑤　体を弓なりに反らし、また両足を両腕に引きつける。

指導のポイント

●手が前に出過ぎたり、手足が曲がらないようにする。

両足の引きつけ１回目
両手を前について腕立ての姿勢になる
ポーン
イチ

両足の引きつけ２回目
ニィー
サン
ポーン
両足の引きつけ３回目
体を伸ばす

器械運動遊び【マット遊び】

動物遊び

かにのちどり足歩き

ねらい ●手と足を同時に左右交互に動かし、移動する感覚を身につける。

対象／幼児、全学年

人数／１グループ４～５人

用意するもの／ロングマット

---

① マットの上で腕立てふせの姿勢になる。
② 左手を右手の前に交差させると同時に、左足も右足の前に交差させる。
③ 次に、右手を左手の右にもってくるのと同時に、右足を左足の右にもってくる。（最初の腕立てふせの姿勢に戻る）
④ この動きを交互にリズミカルにする。（ペケ・ポン・ペケ・ポンのリズム）

指導のポイント

●いろいろな方向に移動できるように工夫させるとおもしろい。

足も開いておく　　　体をまっすぐ伸ばす　　　最初（①）の姿勢に戻る

39

器械運動遊び【マット遊び】

耳ありうさぎさん

ねらい ●両腕で体重をしっかり支え、その後、腕を突き放す。

対象／幼児、全学年
人数／１グループ４〜５人
用意するもの／ロングマット

① 耳の横で両腕を真上に伸ばしてしゃがむ。
② 両手をマットにつけながら、両足をはねる。
③ その時、両腕をよく伸ばし、体をしっかり支え、両腕を突き放し、足をつく。

指導のポイント

●両足をけり上げる時、両足の親指の真下をけり上げるようにすると腰が上がる。

両手をマットにつけ、両足の親指の真下をけり上げる

腰を上げて両腕に体重をのせる

両手をしっかりつく

前方を見る

アドバイス

頭は、腕の中に入らないようにする。アゴを出して前方を見よう。

器械運動遊び【マット遊び】

首ふり歩き

対象／幼児、全学年
人数／1グループ4〜5人
用意するもの／ロングマット
　キャラクターの絵など

ねらい　●首ふり歩きなどを通して、平衡感覚や方向感覚を身につける。

① 　ロングマットの上に立ち、両手を左右に開く。
② 　首を「左→正面→右（右→正面→左）」の順序で振りながら、マットの上をまっすぐにゆっくり歩く。
③ 　正面に子どもたちが喜ぶキャラクターの絵などを置き、それを目標にして歩くようにする。
④ 　できるようになったら、今度は駆け足でやってみる。

指導のポイント

●正面に方向目標となる具体物を見ながら、前にまっすぐ歩いたり走ったりできるように工夫させる。

キャラクターの例

キャラクターの
絵を置く

左→正面→右→正面→左　の繰り返し
いつも正面のキャラクターを意識して歩く

41

器械運動遊び【マット遊び】

ころがり遊び
前まわり

ねらい
- ●回転することにより、回転感覚や空間での位置感覚を身につける。
- ●体を丸めて、小さく前へ回転しながら、起き上がるタイミングをとらえる。

対象／全学年

人数／１グループ４〜５人

用意するもの／ロングマット

① 両手を肩幅に開き、手のひらを平らにまっすぐつく。
② 頭を中に入れ、背中を丸くする。
③ 頭の後ろ→首→背中の順序でゆっくりころがる。
④ 最後にひざを曲げて、手を前に出す。

指導のポイント

- ●前まわりは、ゆっくりまわったり、速くまわったり、スピードの変化をつけるようにさせる。
- ●前にまわったらすぐに立ってみたり、前まわりの連続ができるようにさせる。

足先を高く上げる

腰を高くする　両足でかるくける　アゴを引き、後頭部で支える　かかとを尻の下にすばやく引き寄せる

アドバイス1

✕ 頭の上をマットにつけてしまう ➡ ⭕ 頭を深く中へ入れるようにする

✕ 回転が止まってしまう ➡ ⭕ アゴを引いて背中を丸めるようにする

アドバイス2　　こんな練習をしてみよう

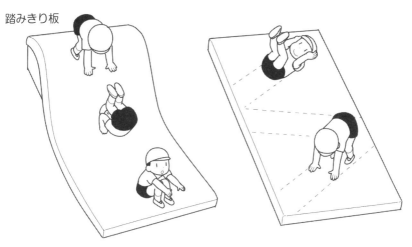

踏みきり板をマットの下に入れて
前まわりをすると、起きやすくなる

１回まわったら、方向を変えて
続けてまわる

器械運動遊び【マット遊び】

ころがり遊び
後ろまわり

対象／全学年

人数／１グループ４〜５人

用意するもの／ロングマット

 ねらい ●耳の横に正しく手をついて、後ろに
まわる回転感覚を身につける。

① 体を小さく丸め、背中をついて、前後に大きく揺らす。
② 両手は上向きにしたまま、耳の後ろにつける。
③ 首はできるだけ前に曲げて、頭を中に入れるようにする。
④ 大きく揺らすと弾みで後ろにまわるが、その時、両手を
マットについてしっかり押し、足は閉じて曲げて着地する。

両ひざを胸に
引きつける

両手は両耳の
下に上向きで

アゴを引いて、
両ひざを胸に引き
つけるようにする

両手でマットを押す

両足をそろえて立つ

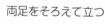   

44

指導のポイント

● 「ゆりかご」をたくさん行なわせ、耳の横に正しく手をついて、後ろまわりの練習をさせる。

アドバイス1

マットに両手をしっかりつく

両手でマットを押して起きる

両腕のひじをしっかりしめて、手はかるく開いてつくようにしよう

両手に体重をかけるような練習をしよう

アドバイス2 こんな練習をしよう

両手は1枚のマットにつくように合わせる。両手がマットについたらすぐ、両ひじを真上に上げて回転する。

マット2枚　　　　マット1枚

器械運動遊び【マット遊び】

バランス遊び
V字バランス

ねらい ●上体と両足がV字の形をつくり静止
することで、バランス感覚を身につ
ける。

対象／全学年

人数／1グループ4〜5人
用意するもの／ロングマット

① 背筋を伸ばして、後ろに両手をつ
く。伸ばしてついた腕とマットとで
できる形が三角形になるようにする。
② 両足をそろえて、ひざを伸ばして
上げる。
③ 足先に力を入れて伸ばし、目は足
先を見るようにする。

指導のポイント

●足先はできるだけ高くして、
おなかに力を入れるようにす
る。

① ② ③

両足がV字になるようにゆっくり伸ばす
V字のままで手をゆっくり上げ、水平にする

バリエーション

ひざ曲げ、 両足を持つ 体をねじる
つま先伸ばし

器械運動遊び【マット遊び】

バランス遊び

肩倒立

ねらい
●両足と腰と背中がまっすぐになり、
静止することができるようにする。

対象／全学年
人数／１グループ４～５人
用意するもの／ロングマット

① 両手を前に伸ばし、ひざを曲げた
姿勢から背中をマットにつける。
② 両腕は体の側面から離れないよう
に脇をしめて、背中を支える。
③ 足首に力を入れて、体を伸ばすよ
うにする。

指導のポイント

●腰が曲がる子どもがいるので、
腰の上方で手で合図してやる
と、腰と両足が伸びるように
なる。

ゆりかごの姿勢から　　脇をしめて背中を支える
肩倒立に入る

足首に力を入れて、　　正面から見た
伸ばすようにする　　　肩倒立

アドバイス

腰の上で手で合図すると、
両足と腰が伸びる

47

器械運動遊び【マット遊び】

水平バランス

ねらい ●両手を横に水平に開いて、片足を高く上げ、背中を水平になるようにして静止することで、バランス感覚を身につける。

対象／全学年	
人数／1グループ4〜5人	
用意するもの／ロングマット	
コーンなどの目印	

① 両手を上げ、ゆっくり片足立ちになる。
② 両手を下方よりまわしながら、体が水平になるようにする。
③ 前方の目標物を見て、両手は左右に水平に広げる。

指導のポイント

●体がふらつかないように、真正面に目標物となる目印を置いて、集中して見るようにさせる。

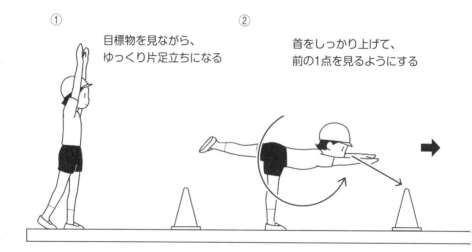

① 目標物を見ながら、ゆっくり片足立ちになる

② 首をしっかり上げて、前の1点を見るようにする

バリエーション

水平バランスのいろいろ

両手を横にする　　　　　右手を前に、左手を後ろに　　　左手を下に下ろす

Y字バランスのいろいろ

足首を持つ　　　　　　左手でふくらはぎを持つ　　　　両手を放す

③

ひざと足先を伸ばし、後ろに
高く上げて、反るようにする

器械運動遊び【マット遊び】

片手バランス

ねらい ●腕立てふせの姿勢から片手になり、両足をそろえ、もう一方の片手を伸ばして静止することができる。

対象／全学年

人数／１グループ４〜５人

用意するもの／ロングマット

① 腕立てふせの姿勢から、体を横に向けて片手で体を支える。
② 両足はそろえて伸ばし、もう一方の手を伸ばす。

指導のポイント

●片手支持の腕ともう一方の腕が一直線になるように、しっかり伸ばすようにさせる。

両手は一直線になるようにする

①　　　　②

足と手が十文字になるように

バリエーション

片手バランス（開脚）

側倒バランス

Y字バランス

器械運動遊び【マット遊び】

逆立ち遊び

耳ありうさぎの川とび
（両足と片足とび）

ねらい ●腰を上げ、逆さでの方向転換の感覚をつかむ。

対象／幼児、全学年
人数／1グループ4〜5人
用意するもの／ロングマット

両足川とび

① 川（マット）にまっすぐ体を向け、川のまん中に両手をつく。
② 頭を上げて、両足で床をける。
③ 渡ってきた方を向いて、両足で着地する。
④ 着地したら、渡っている時に足のあった方向に体をまわして、進行方向を向くようにする。

指導のポイント

●最初は両足川とびから入り、だんだん慣れてきたら片足とびに移り、片足ずつ着地できるようにしていく。

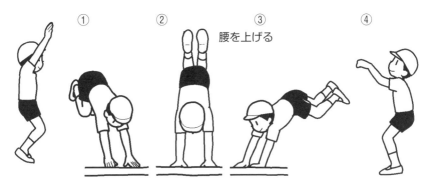

① ② ③ 腰を上げる ④

【着地の悪い例】

ひざ着地

足の甲着地

52

片足川とび

① 川（マット）にまっすぐ体を向け、手を高く上げて入る。
② 頭を上げ、片足ずつ床をけって、片足ずつ着地する。

手を高く上げて入る　　　　　両腕に体重をのせる

手を突き放し、
右足で立つ

ゆっくり左足をつき、
大きく開いて立つ

アドバイス

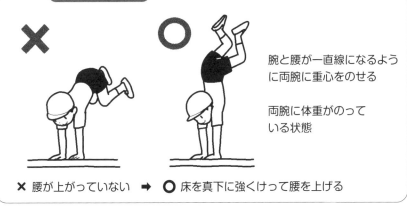

腕と腰が一直線になるよう
に両腕に重心をのせる

両腕に体重がのって
いる状態

✕　腰が上がっていない　➡　◯　床を真下に強くけって腰を上げる

器械運動遊び【マット遊び】

お話マット

動物遊びのお話マット

ねらい ● 「動物遊び」のお話をつくり、それに合わせた動きを工夫して、楽しい学習にする。

対象／幼児、低学年
人数／1グループ4〜5人
用意するもの／ロングマット
（1グループ2枚）

① 「お話マット」をするにあたって、「〇〇が〇〇して〇〇したよ」となるようなお話をつくる。
② 自分のできるようになった「動物遊び」を3種目つないだお話マットをつくる。
③ 同じ種目を2度続けてもよい。
④ 「はじめ」の合図と「おわり」のポーズは、きっちりやる。

指導のポイント

● お話づくりのイメージをつかませるために、指導者が指導例を最初につくって子どもにさせる。その後、指導例を参考にして、自分のできるようになった動物遊びを使ったお話マットの工夫をさせる。

【指導例1】 いぬさんが、ピョンピョンはねて（すべって）、あざらしさんのまねして、ポーズ。

はじめ　　いぬ　　　うさぎ　　　あざらし　　　ポーズ　おわり

【指導例2】 くまさんが、さんぽして、石につまずいて、しゃくとり虫のかっこうして、ハイポーズ。

はじめ　　くま　　　しゃくとり虫　　　ポーズ　おわり

器械運動遊び【マット遊び】

お話マット

バランス遊びのお話マット

ねらい ●いろいろな「バランス遊び」を工夫
して、平衡感覚や逆位での方向感覚
を身につける。

対象／低学年
人数／１グループ４〜５人
用意するもの／ロングマット
（１グループ２枚）

① 「動物遊び」「ころがり遊び」
「バランス遊び」の種目を組み
合わせてお話をつくる。
② 同じ種目を２度使ってもよい
ことを話す。
③ 「はじめ」と「おわり」をき
っちりとする。

指導のポイント

●バランス遊びは、どれも静止の種
目であり、子どもからなかなか出
てこない。指導者のほうから運動
例をいくつか見せることによって、
いろいろ工夫したバランス（遊び）
を考えていくようになる。

【指導例１】 かにさんが、ころがって、ひこうきになって、
またころがって、ポーズ。

前転　　V字バランス　おわり

はじめ　　　　かに　　　　前転　　　ひこうき

【指導例２】 あざらしさんがさんぽして、お日さまをなが
めて、くるっとひっくりかえって、ハイポーズ。

後ろまわり　ポーズ

はじめ　　あざらし　　　腕立て半回転　あおむけあざらし　　　　おわり

器械運動遊び【マット遊び】

ころがり遊びのお話マット

ねらい ●いろいろな「ころがり遊び」を工夫
し、回転感覚・方向感覚を身につけ、
お話づくりをする。

対象／低学年	
人数／1グループ4～5人	
用意するもの／ロングマット	
（1グループ2枚）	

① 「動物遊び」と「ころがり遊び」を含めた3～4種目をつなげた
お話づくりをする。
② 同じ種目を2度続けてもよいことを話す。
③ 「はじめ」と「おわり」にきっちりポーズをする。

指導のポイント

●ころがり遊びの中で特に難しいのは、後ろまわり
である。途中で横に曲がってしまう子どもが多く
みられる。ゆりかごを十分にやり、耳の横に正し
く手をつく練習が大切である。また、ころがり遊
びはつなぎ技として大切な役割を持っているので、
次の技につなげる遊びを工夫させる。

【指導例1】 くまさんが、ころんでころんで、ほら立てる。

はじめ　　くま　　　　　前転　　　　前転片足立ち　　　ポーズ　おわり

【指導例2】あざらしさんが、うさぎのまねしてピョンピョンはねて、
　　　　　すべってころんでころんで、ポーズ。

はじめ　　　あざらし　　　うさぎ　　　前転　　開脚前転　ポーズ　おわり

【指導例3】しゃくとり虫がさんぽだよ。横にころころまわりひな
　　　　　たぼっこ。おきあがってポーズ。

はじめ　　しゃくとり虫　エンピツまわり　ジャガイモまわり　　ポーズ　おわり

【指導例4】うさぎさんがかみさまにおがんで、おがんで、おきあ
　　　　　がってポーズ。

おがみまわり　　　おがみまわり

はじめ　　うさぎ　　　　　　　　　　　　　　前転片足立ち　ポーズ
　　　　　　　　　　　　　　　　　　　　　　　　　　　　　おわり

器械運動遊び【マット遊び】

逆立ち遊びのお話マット

ねらい ●「逆立ち遊び」を含めた「遊び」を工夫して、お話をつくることができるようにする。

対象／低学年
人数／1グループ4〜5人
用意するもの／ロングマット
（1グループ2枚）

① 同じ種目を2度続けてもよい。2度使うことによって、よりよいリズムをつくる。

② 大きな技（転回系＝逆立ち遊び）から回転系のつなぎを考える。

③ つなぎやすい技……側転→前転（片足立ち）、側転→バランス、側転後ろ向き→片足後転　など

指導のポイント

●逆立ち遊びの代表的な種目は、側転である。この側転ができるようになると、お話マットがだんぜんおもしろくなってくる。大きな技（側転など）から小さな技（ロール系）のつなぎを工夫させる。

【指導例1】うさぎさんが川をとんでから、けつまずいたよ、ポーズ。

はじめ　うさぎ　　　片足川とび　　　ひこうき

片足前転　　おわり

58

【指導例2】うさぎさんが、ぴょんぴょん足うちして、ジャンプして、
そくてんしたよ、ポーズ。

はじめ　うさぎの足打ち　　　両足ジャンプ　　　側転　ガッツポーズ
おわり

【指導例3】うさぎさんが、ころんでジャンプして、ひこうきの
かっこうして、そくてんしたよ、ポーズ。

はじめ　　うさぎの足打ち　　前転片足立ち　　ジャンプ

ひこうき　　　　側転　　片ひざ立てバランス　おわり

器械運動遊び【マット遊び】

お話マット発表会

ねらい ●みんなで話し合って考えたお話を練習し、それをクラスみんなの前で発表する。

> 対象／低学年
> 人数／１グループ４〜５人
> 用意するもの／ロングマット
> （１グループ２枚）

ここでは、子どもたちのつくったお話マットを子ども同士で見合い、確かめ合い、大きな拍手を演出するような工夫を考える。

審査基準例

1 「はじめ」と「おわり」（ポーズ）がはっきりし、きちんとできているか。
2 種目と種目のつなぎがうまく途切れないで工夫されているか。
3 工夫された種目があるか。

指導のポイント

●側転では足や腰が伸びてきれい。
●前まわりがゆっくりできている（低学年では少し難しいようだが、もう少し具体的に出して、子どもたちと一緒に審査基準を考えていくようにする）。

【発表会の例１】
はじめます。くまさんくまさん、さんぽだよ。
耳ありうさぎさんの子どもに会いました。
今日はさようなら、川をわたってハイポーズ！

腰を高く上げる

はじめ　　　　「ゆりかご」をする　　川とび　ポーズ　おわり

【発表会の例2】

耳ありうさぎさんが、ジャンプして、ひこうきに
のって、大きく回転したよ！

はじめ

耳ありうさぎの足打ち　両足ジャンプ　　水平バランス

ホップ側転　　　　　　　　ポーズ　おわり

グループの創作

今まで学習してきた動物遊び・ころがり遊び・
バランス遊び・ジャンプ遊び・側転・ポーズな
どを組み合わせて、自分たちのグループのお話
マットをつくる。グループのみんなができる技
で、つなぎのなめらかさを心がけてつくろう。

器械運動遊び【マット遊び】

お話マット

ジャンプ遊びのお話マット

ねらい ●いろいろな「ジャンプ（回転を含む）遊び」を工夫し、体をひねって回転できるようにする。

対象／低学年
人数／１グループ４～５人
用意するもの／ロングマット
（１グループ２枚）

① いろいろな「遊び」を４種目から５種目組み合わせて、お話をつくる。
② 同じ種目を２度使ってもよいことを話す。
③ 「はじめ」と「おわり」をきっちりとする。

指導のポイント

●ジャンプ遊びでは、まわる時に両手を広げてまわる「ジャンプヘリコプター」などがおもしろい。ジャンプ遊びは、マット上の空間をダイナミックに表現する種目にふさわしいし、子どもたちにも人気があるので、いろいろ工夫させる。

【指導例１】うさぎさんが、足をポンポンたいてジャンプして川をわたったよ。ポーズ

はじめ　　うさぎ　　ジャンプ　　　　川とび　　　　ポーズ　おわり

【指導例２】あざらしさんが、うさぎさんのまねしてくるっとまわってジャンプ（180°）して、ひっくりかえってポーズ。

前転　　　　　　後転　　　　おわり

はじめ　　あざらし　　うさぎの足打ち　　180°ジャンプ　　　　V字バランス

62

器械運動遊び【マット遊び】

ホップ側転

ねらい
●高い姿勢から振り下ろして手をつき、それから突き放して腰を浮かせ、大きな回転の技を身につける。

対象／中・高学年
人数／１グループ４〜５人
用意するもの／ロングマット

① 両手を後ろから高く振り上げて、上へ伸び上がるようにする。
② 手をつく時、両手を上げた格好のまま、腹で折るように振り下ろす。
③ その時、ひじを曲げずに、両腕に体重がのるようにする。

指導のポイント

●最初は、歩きながら「イチ、ニイ、サーン」と自分でリズムをつくって、ホップする。慣れてきたら、２〜３歩助走してホップする。
●グリコ側転の姿勢でホップする。
●ホップする高さは、できるだけ高くする。

ホップ　　　　　　　腰を上げ、ひざを伸ばす

２〜３歩助走　　　強くける　　　手は横につく　　　マットを突き放す　　　着地

63

器械運動遊び【マット遊び】

グリコ側転

ねらい
●足をけって手を突っ張り、体を逆さ
　まの位置にして伸ばせるようにする。
●手・足をつく位置が一直線になり、
　リズムよくできるようにする。

対象／全学年
人数／１グループ４〜５人
用意するもの／ロングマット

① 　左手から始める場合、左手→右手
　→右足→左足の順につく。
② 　まず、振り上げ足を大きくし、着
　地した前30cm前後に左手→右手と
　いう順序に手をつく。足はマットを
　けり上げ、倒立を経過し、足で立ち
　上がる。
③ 　手は、マットを強く突き放す。

指導のポイント

●低学年のうちは、足は少しく
　らい曲がっていてもよい。ア
　ゴが出て、重心・腰が両腕で
　支えられていればよい。

手をつく方向を向く　　両手をできるだけ　　腰を上げ、
　　　　　　　　　　高く上げる　　　　　ひざを伸ばす

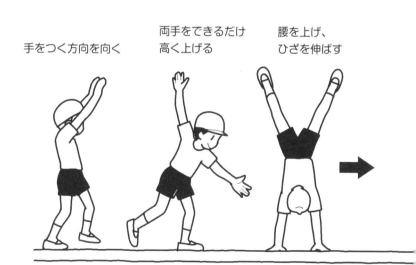

こんな練習をしてみよう

【手型・足型を使って】
手型・足型カードをつくって
一直線になるように練習する

踏みきり足を進行
方向に向ける

手―手―足―足が
直線の上にのる

点線のように進行方向に向け
ると、次の技へつなぎやすい

【ゴムひもを使って】
腰やひざを伸ばして
ゴムひもを足ではらう

片手で支えて体を伸ばす　　　ゆっくり立ち、足を開く

器械運動遊び【マット遊び】

側転90°ひねり（ロンダート）

ねらい ●逆さになり、体をひねって後ろ向き
に方向転換できるようにする。

対象／中・高学年	
人数／１グループ４〜５人	
用意するもの／ロングマット	

① ホップ側転のやり方で、両手をマットにつく。
② 逆さになった時、足をそろえる。
③ その時、体をひねって後ろ向きになり、手を突き放して、来た方を向いて両足で着地する。
④ 側転90°ひねりができるようになったら、助走したホップ側転90°ひねりをする。

指導のポイント

●逆さになって足をきちんとそろえて、手を突き放すタイミングを工夫する。

強くける　　　体をひねって後ろ向きになる　　　手を突き放す

両足で着地

助走したホップ側転90°ひねり（ロンダート）

かるく助走　　ホップ　　強くける　　　足をそろえ、来た方を向く

アゴ出し　　手の突き放し　　着地

66

器械運動遊び【マット遊び】

側転前ひねり

ねらい ●逆さから体を90°前へひねり、方向
　　　　　転換できるようにする。

① はじめホップ側転をした時、後についた手を残すようにして回転する。
② 慣れてきたら、後についた手を突き放して立つようにする。
③ ホップ側転のやり方で、前にひねりながら、腕を突き放して立つようにする。
④ 側転前ひねりができるようになったら、助走したホップ側転前ひねりをする。

対象／中・高学年
人数／１グループ４〜５人
用意するもの／ロングマット

指導のポイント

●高い位置から腕を振り下ろし、助走からホップが流れないようにする。

側転　　90°前へひねる　　　　　着地

前方向を向いて

手を突き放す　　ひざを伸ばす

ホップ側転前ひねり

90°前へひねる　　　　　着地

前方向を向いて

かるく助走　　ホップ　　側転　　手を突き放す　　ひざを伸ばす

67

鉄棒遊び①

 ねらい ●手や足でいろいろなぶらさがり方を工夫して、
自分の体を支える感覚、逆さ感覚を身につける。

用意するもの/フープ　0号ボール　紅白玉

フープとび
① 鉄棒を握り、地面に置いたフープの間を左右にとぶ。
② 慣れてきたら、リズムを早くしたりフープの間を広げたりする。

ボールけり
① 鉄棒の下に置いた（転がした）ボールを、鉄棒にぶらさがったままける。
② 片足や両足でけってみる。

ボール運び
① 鉄棒の下に2つのフープを用意し、一方にボールをいくつか置く。
② ぶらさがったまま、足でボールをはさんでもう一方のフープに移す。

つばめ足ジャンケン
① 向かい合った鉄棒に2人がそれぞれつばめになってつかまり、ジャンケンをする。
② グー：足を閉じる。　チョキ：足を前後に開く。　パー：足を左右に開く。

その他、ふとんかけジャンケンなどもおもしろい。

指導のポイント

●ここでは、手足を使ったいろいろなぶらさがり方をして、自分の体重を支え、ゲーム化して取り組むようにする。

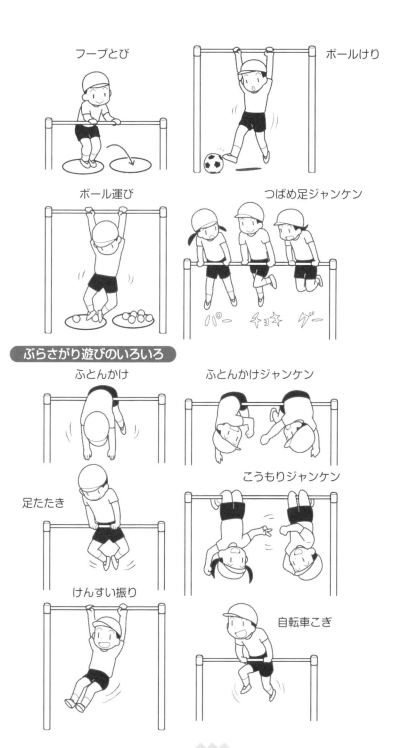

フープとび

ボールけり

ボール運び

つばめ足ジャンケン

パー　チョキ　グー

ぶらさがり遊びのいろいろ

ふとんかけ

ふとんかけジャンケン

足たたき

こうもりジャンケン

けんすい振り

自転車こぎ

鉄棒遊び②

ねらい

●鉄棒の上に上がったり、腕支持で体を支えたり、バランスをとったりできるようにする。
●高さに対する恐怖心を取り除き、回転感覚・逆さ感覚などを身につける。

対象
幼児、低学年
人数
1グループ4〜5人

とび上がり下り

① やや低い鉄棒にとび上がる。
② 腰やひざをできるだけ伸ばす。
③ その後、静かにとび下りる。

前まわり下り

① 「とび上がり下り」①②の要領でとび上がり、腕立ての姿勢をとる。
② 鉄棒におなかをのせ、おへそを見ながらゆっくりまわる。
③ 足を鉄棒から放さないでまわり終える。
④ 静かに地面に下りる。

いろいろな遊びを工夫してみる。

指導のポイント

●腕立ての姿勢から腰を曲げ、ゆっくりまわり、足を下ろす。その時、手首がまわって、強く握り返すところを意識させる。

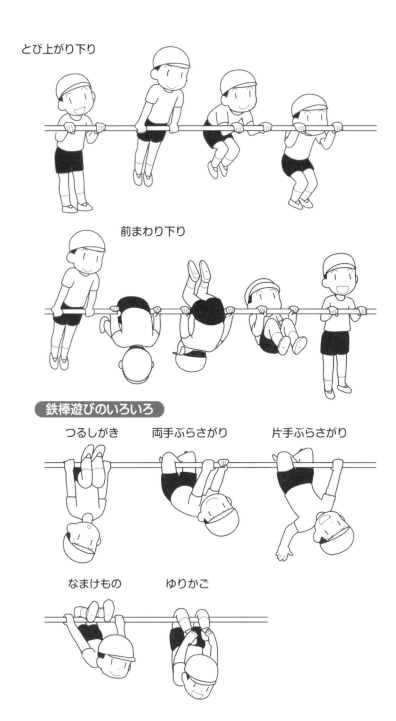

とび上がり下り

前まわり下り

鉄棒遊びのいろいろ

つるしがき　　両手ぶらさがり　　片手ぶらさがり

なまけもの　　ゆりかご

器械運動遊び【鉄棒遊び】

足ぬき前まわり・後ろまわり

ねらい
- ●逆さ感覚・回転感覚などを養う。
- ●足のけり上げのタイミングを身につける。

対象／低学年

人数
1グループ4〜5人

足ぬき前まわり

① 背中から手を上げて鉄棒を握り、地面をけって腰から上げる。
② 足を丸めて両手の間に入れて、前にまわって下りる。

指導のポイント

- ●足ぬき前まわりの時は、お尻を引き上げてくることを強調する。
- ●足ぬき後ろまわりの時は、鉄棒についているほうの足でしっかり鉄棒をけるようにさせる。

地面をけってお尻を引き上げる

足ぬき後ろまわり

① 片足を振り上げてから、もう一方の足で地面をけって、両足をそろえて上に上げる。
② 両手の間に足を入れて、後ろにまわって下りる。

足が地面についてから手を放す

足ぬき後ろまわりと足ぬき前まわりの連続でやってみよう

はじめます　おさるさん　　　　ひざを上げて　　　　　　　ちゅうがえり

下りたらかるく地面をける

おしりを上げて　　　　　　ちゅうがえり　　　　　　　　　ハイ、ポーズ

バリエーション

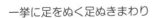

一挙に足をぬく足ぬきまわり　　　　片足をつけた足ぬきまわり

器械運動遊び【鉄棒遊び】

地球まわり

対象
低・中学年
人数
１グループ４〜５人
用意するもの
ひざ裏あて

ねらい ●逆さ感覚・回転感覚・位置感覚を身につける。

指導のポイント

●腕のねじれで回転するので、逆位での方向
の変化をとらえさせるのによい遊びである。

① 鉄棒に両足をかけ、
足の間で腕を交差して
鉄棒を握る。

② ひざを肩のほう
に引きつけ、腰を
高く上げる。

③ 両足を鉄棒から放すと、
体は交差した腕を支点と
して横に回転していく。

足をはずす

腕のねじれで回転が始まる

④ 回転し終わったら、両
足を鉄棒にかける。また
腕を交差して、繰り返し
て地球まわりをする。

⑤ 鉄棒の上に腰かけた後、両足かけ後ろまわ
りの状態から地球まわりにつなげてもおもし
ろい。

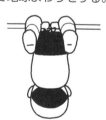

かんたんなひざ裏あてのつくり方
ひざ裏あての布、またはいらなく
なった靴下を切って使う

幅の広いゴムテープ

ひざあてに
使う

切りとる

器械運動遊び【鉄棒遊び】

こうもり振り下り

ねらい ●ひざを鉄棒にかけ、スイングの力を養い、逆さ感覚や位置感覚を身につける。

<table>
<tr><td colspan="1">対象
中・高学年</td></tr>
<tr><td>人数
1グループ4〜5人</td></tr>
<tr><td>用意するもの
安全マット</td></tr>
</table>

指導のポイント

●手が地面にすぐつく高さを選んで行わせる。鉄棒の下に安全マットを敷くとよい。

① 最初は、両手をついて下りる練習をする（こうもり下り）。
② 両足をかけたまま、体をゆっくり振動させる。
③ 前方に振れた時、両足をはずして下りる。
④ 足をはずしてから、手をつくようにする。

アドバイス

まずは両手をついて
下りる練習をしよう。

75

器械運動遊び【鉄棒遊び】

こうもり振りとび下り

ねらい ●両足をかけて下がり、大きく体を振って、足をはずして下りることができる。

対象
中・高学年
人数
1グループ4～5人
用意するもの
安全マット

指導のポイント

●腰が曲がっていたり振りが十分でないとあぶないので、十分に振りを大きくし、補助は側面・正面から腕を持ってやるとよい。

① 両足をかけたまま、体をゆっくり振動させる。
② 足をしっかりかけ、体を大きく振って腰を伸ばす。
③ 体を十分前方に起こしてから足をはずす。
④ すばやく着地する。

76

器械運動遊び【鉄棒遊び】

逆上がり

対象
全学年
人数
1グループ4～5人

ねらい ●鉄棒を軸にして回転する感覚や、逆さ感覚を身につける。

① 鉄棒のほぼ真下を強くけり上げ、アゴを引きながら、ひざを頭の上のほうに引き上げる。

② 足を引き上げてきたら、すぐにアゴを突き出し、回転の終期に弾みをつけて一気に上がる。

③ 筋力がなくても、下半身の体の振動と上半身を協調させ、同時に腕の引き上げの回転運動により、できるようになる。

指導のポイント

●片足をけって振り上げ、おなかをすぐに鉄棒にのせるが、この振り上げ足と腕の引きつけのタイミングをつかませるようにする。

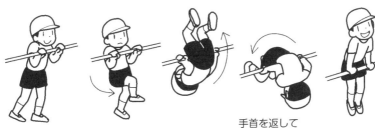

肩幅に握る　　ひじを曲げる　　　　　　　　　　手首を返して体を起こす

アドバイス

手前に片足を振り上げる

ひじを曲げ、おなかを鉄棒に引きつける

すばやく足をそろえて上げる

器械運動遊び【鉄棒遊び】

足かけ上がり

ねらい
- ●片足を鉄棒にかけ、鉄棒を中心にした回転が大きくできるようにする。
- ●腕の引きつけと、手首の返しのタイミングをとらえさせる。

対象
全学年
人数
1グループ4～5人

① 片足を鉄棒にかけ、もう一方の伸ばした足を大きく振る。
② 両腕を伸ばした姿勢で体をスイングし、地面の方向に足でけり、その反動で上がり、手で鉄棒を押さえる。

指導の**ポイント**

- ●両腕をしっかり伸ばして、鉄棒に直角の形で振動させる。
- ●鉄棒の真下から後ろへ大きく振れるように、伸ばしたほうの足を振る。

ひざを伸ばす

手首を返して、しっかり押さえて止まる

腕を伸ばす

鉄棒にかけていないほうの足を後ろに大きく振り、ひざを伸ばす

足かけ腕立て姿勢になる

補助してもらって
練習しよう。

バリエーション

中がけ上がり　　　　　　外がけ上がり

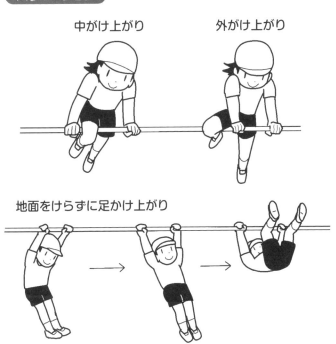

地面をけらずに足かけ上がり

器械運動遊び【鉄棒遊び】

足かけ前まわり

ねらい
- ●片足を鉄棒にかけ、前方へ回転する感覚を身につける。
- ●首や上体のあおりによる回転力のつけ方と、手首の返しのタイミングをとらえる。

対象
全学年
人数
1グループ4～5人

① 片足をかけて鉄棒の上に上がり、腰を上げて前へ振り下ろす。
② 胸を張り、回転を大きくし、足の振りを使って上がる。
③ 手首を返し、鉄棒の上で止まる。
④ できるようになったら、連続してまわるのもよい。

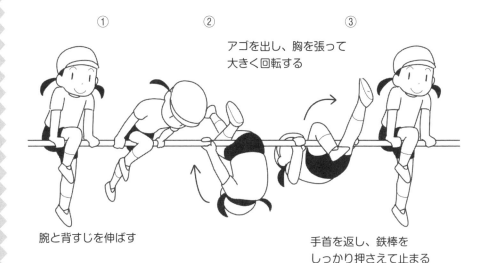

① ② ③

アゴを出し、胸を張って大きく回転する

腕と背すじを伸ばす

手首を返し、鉄棒をしっかり押さえて止まる

指導のポイント

●足かけ上がりをできるだけたくさん練習し、スイングや回転力を身につけておく。

●足かけ姿勢から回転に入る方向と姿勢を大切にし、斜め前方にアゴから落ちていく感じで、できるだけ大きく回転する。

●回転を始めて体が下に来た時、もう一方の足を大きく振ることで、回転に勢いをつける。

●回転の終期に手首を返し、上体を上げ、静止する。

アドバイス

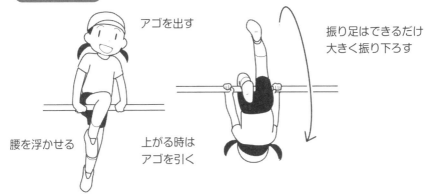

アゴを出す

腰を浮かせる

上がる時はアゴを引く

振り足はできるだけ大きく振り下ろす

足かけ前まわりを使った連続技の例

足かけ上がり➡足かけ前まわり（連続）➡足かけ後ろまわり➡両足かけ後ろ下り

両足かけ後ろ下り

足かけ後ろまわり

ねらい
- ●片足を鉄棒にかけ、後ろへ回転する弾みのつけ方、回転感覚を身につける。
- ●足の振りと腕の引き、手首の返しのタイミングをとらえる。

対象
全学年
人数
1グループ4〜5人

① 片足をかけ、鉄棒の上に上がる。腕を伸ばし、鉄棒をひざの所にもってくるように上体を後ろに引く。
② 上体を後ろにできるだけ大きく倒すようにして回転する。
③ 回転して、体が鉄棒の上に上がってきたら止まる。
④ できるようになったら、連続してまわるのもよい。

指導のポイント

- ●最初、鉄棒の上では、背中をまっすぐに伸ばす。
- ●回転に入りだしたら、アゴを突き出し、斜め後方に頭から落ちていくようにする。
- ●体が上がってきたら、手首をすぐに返すようにする。

①
腕を伸ばしたまま、
上体を後ろに引く

②
手首を返す

③

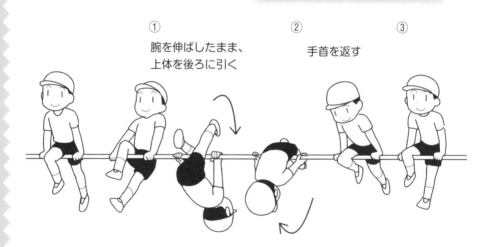

背中を伸ばす   アゴを出す   斜め後ろに頭から
                                          落ちていく

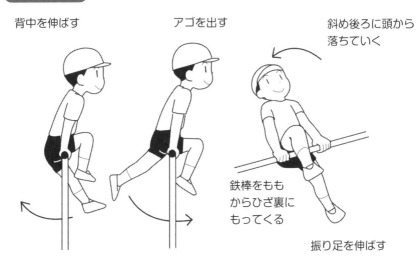

鉄棒をもも
からひざ裏に
もってくる

振り足を伸ばす

振り足を後ろに振り上げてから、
前に大きく振り出す

バリエーション　足かけ後ろまわりができると、足かけ後ろま
わりの連続をしたり、足かけ前まわりをした
り、回転の途中で両足を鉄棒にかけたりなど、
いろいろな発展ができる。

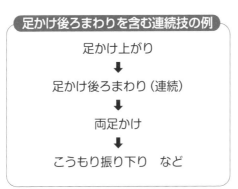

足かけ後ろまわりを含む連続技の例

足かけ上がり
⬇
足かけ後ろまわり（連続）
⬇
両足かけ
⬇
こうもり振り下り　など

器械運動遊び【鉄棒遊び】

両足かけ前転

ねらい ●腕立て姿勢から、ひざの裏側で鉄棒をかかえ、顔を上げて大きく回転することができる。

対象
中・高学年
人数
1グループ4～5人

① 腰をしっかり伸ばし、上体を起こす。
② 鉄棒の下では上体を伸ばし、回転に弾みをつける。
③ 回転の後半では、上体を前に曲げる。
④ この時、上体を鉄棒の上に引き上げる。

指導のポイント

●上体の回転も大きくしていくが、足の振りもうまく使って回転の補助となるようにする。

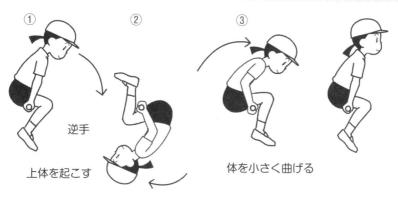

① 上体を起こす　逆手
②
③ 体を小さく曲げる

両足かけ前転を含む連続技の例

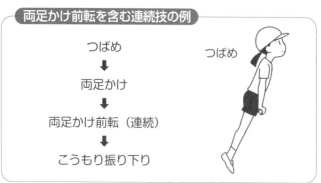

つばめ
↓
両足かけ
↓
両足かけ前転（連続）
↓
こうもり振り下り

つばめ

器械運動遊び【鉄棒遊び】

両足かけ後転

ねらい ●鉄棒の上に腰かけ、両足をかけたまま後方に
回転することができる。

対象
中・高学年
人数
1グループ4〜5人

① 鉄棒の上に腰をかける。
② 次に、両足を鉄棒にかけ、体を反
らして後ろに大きく回転する。
③ アゴを出し、頭を起こして、回転
に弾みをつける。
④ すばやく上体を鉄棒の上に上げ、
手首を返す。

指導のポイント

●腕をしっかり伸ばし、胸を張
って、鉄棒から上体を離して
回転を大きくすることが大切。

①   ②   ③   ④

順手

鉄棒にひざをかけ、
胸を起こす

腰をすばやく鉄棒の
上にのせ、手首を返す

**両足かけ後転を含む
連続技の例**

つばめ
↓
両足かけ
↓
両足かけ後転（連続）
↓
足かけ後ろまわり下り

器械運動遊び【鉄棒遊び】

鉄棒連続技モデル

ねらい ● 「鉄棒下での振り」「回転の連続」「上がる・下りる」などの技をつなぎ、工夫した連続技づくりができる。

| **対象** |
| 低・中学年 |
| **人数** |
| 1グループ4～5人 |

① 各グループで話し合って、モデル例を選ぶ。
② 決まったら、グループや個人でモデル例を練習する。
③ 練習の後、グループごとに発表する。

指導のポイント

●連続した技の構成がうまくできるように、グループでよく話し合い、決めるようにさせる。

連続技モデル　例1

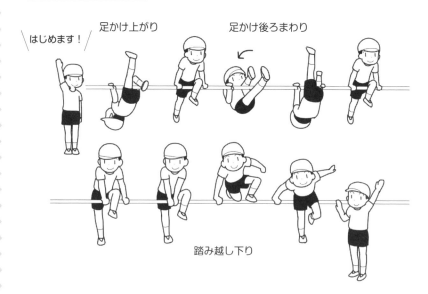

はじめます！　　足かけ上がり　　足かけ後ろまわり

踏み越し下り

86

連続技モデル　例2

はじめます！　　足ぬき後ろまわり　　地球まわり

こうもり　　こうもり振り下り

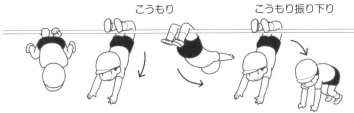

連続技モデル　例3

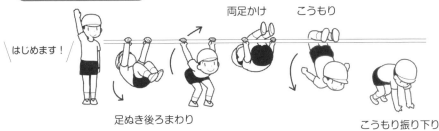

はじめます！　　　　両足かけ　こうもり

足ぬき後ろまわり　　　　こうもり振り下り

連続技モデル　例4

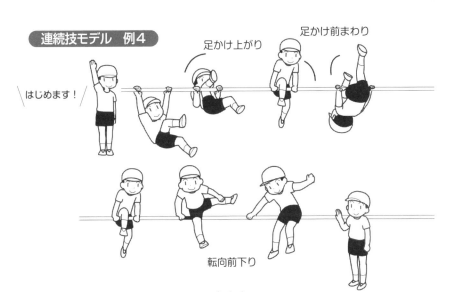

はじめます！　　足かけ上がり　足かけ前まわり

転向前下り

87

器械運動遊び【鉄棒遊び】

鉄棒発表会

対象
低・中学年

人数
1グループ4〜5人

ねらい ●個人またはグループでつくった連続技を発表
し、成果をみんなで確かめる。

① 発表会の日を決める。
② グループで話し合った連続技と、個人のつくった連続技を発表する。
③ 次のような係を決める。
　進行係（2名）、記録係（2名）、審判（各グループより1名）、賞状係（各
　グループ1名）など。
④ 採点基準などを話し合って決める。

指導のポイント

●採点基準のポイント
①リズミカルに調子よくできたか。
②難しい技が入っていたか。
③前まわりと後ろまわりが組み合わさっていたか。
④フィニッシュは、きちんと止まっていたか。
　10点満点として、基準に達していなかったら減
　点していく。

連続技づくり　例1

はじめます！　　　　足かけ後ろさがり下り　　　　前まわり下り

足ぬき前まわり

足かけ上がり　　　　逆上がり

連続技づくり　例2

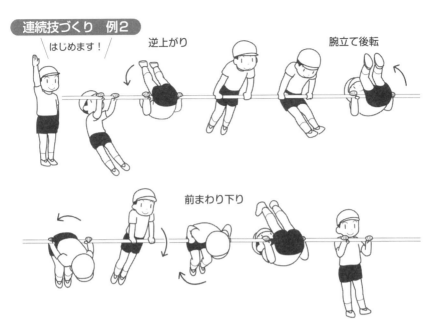

はじめます！　逆上がり　腕立て後転

前まわり下り

連続技づくり　例3

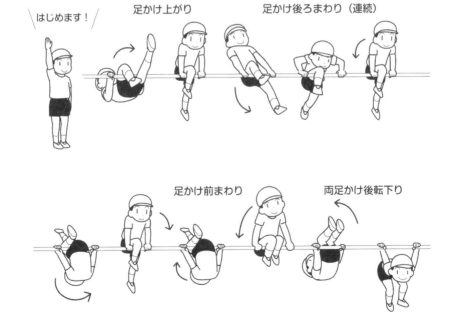

はじめます！　足かけ上がり　足かけ後ろまわり（連続）

足かけ前まわり　両足かけ後転下り

器械運動遊び【とび箱遊び】

片足踏みとび遊び

ねらい
●片足で踏みきり、高くとんだり遠くへとんだりする。
●空中でのポーズをいろいろ工夫して着地する。

用意するもの／グループ数分のゴムひも

<table>
<tr><td>

対象
幼児、低学年
人数
1グループ4〜5人

</td></tr>
</table>

① 2、3段くらいのとび箱を用意する。
② 助走してきて、片足の裏で強く踏みきる。
③ とび箱の上に片足をついて踏み越し、両足で着地する。
④ 慣れてきたら、遠くへとんでみる。
⑤ 空中でのいろいろな姿勢を工夫してとんだり、距離や高さを変えてみたりする。
⑥ いろいろな下り方を工夫して着地する。

指導のポイント

●空中でのポーズを変化させると着地が難しい時があるので、マットの上に安全に着地できるように補助してやるとよい。

片足踏みとび越し

片足踏みとび遊びのいろいろ

またぎ越し　　　　　　　　　手たたき下り

ライダーキック下り　　　　　半回転とび下り

ゴムひもの高さをとぶ

器械運動遊び【とび箱遊び】

馬とび遊び

ねらい
●いろいろな馬とび・タイヤとびができるようにする。
●馬とび・タイヤとびのいろいろなとび方を工夫することができる。

用意するもの／タイヤ（運動場にあるタイヤ）

① 2人組になって馬とびをする。
② とんだら今度は振り向いて反対からとぶ。
③ はじめは低い馬から始める。
④ だんだん馬を高くしてとぶ。
⑤ うまくとべるようになってきたら、連続した馬とび・タイヤとびをする。

指導のポイント

●馬になる人は、しっかり両足をふんばり安定した馬をつくるとともに、アゴを引いて頭を下げる。

ジャンケン馬とびをしよう

① 2人組になってジャンケンをする。
② グーで勝ったら：1回とぶ。
チョキで勝ったら：2回とぶ。
パーで勝ったら：3回とぶ。

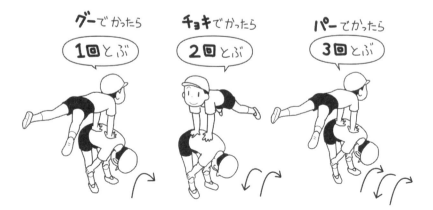

2人組で馬とび

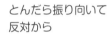
とんだら振り向いて
反対から

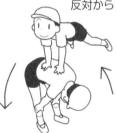

低い馬からだんだん高くしていこう

連続馬とび・連続タイヤとび

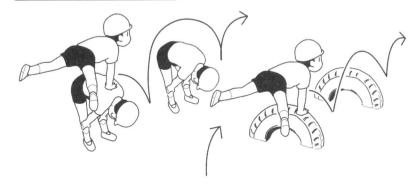

93

器械運動遊び【とび箱遊び】

両足踏みとび遊び

ねらい
- 両足で踏みきり、ジャンプして、両手に体重をしっかりのせるタイミングをつかませる。
- 助走から着地までの一連の動きを総合的にとらえ、踏みきりと着手との関係をわからせる。

対象
幼児、低学年
人数
1 グループ 4 〜 5 人

1　両足踏みとびで開脚のりをする。
　①両足踏みきりの後、両手をついてまたがる。
　②今度は、手をできるだけ前方について、腰を上げてゆっくりまたがるようにする。
　③下りる時は、手のひらに体重をのせて、とび箱を押すようにして腕で支える。この時、肩を前に送り出すようにして着地する。
　④次に、助走から、腰を高くしてまたがり、着地したまま肩を前へ送り出して着地できるようにする。
2　①〜④の要領で、両足踏みとびで閉脚のりをする。
3　慣れてきたら、開脚とび越しや閉脚とび越しをする。

指導のポイント

- 最初に低いとび箱から始めれば、とび越せなくても足がつくので恐怖感をなくせる。
- はじめはその場所からとぶようにして、だんだん2 〜 3歩助走をつけてとぶようにする。
- 腕の支持から重心を前に押し出していく感覚をつかませる。

両足踏みとび（開脚のりから開脚下り）

両足踏みとび （閉脚のりから閉脚下り）

開脚とび越し

閉脚とび越し

器械運動遊び【とび箱遊び】

ひねり横とび越し ほか

ねらい
- ●強く踏みきり、腰を高く引き上げて、第2次空間での表現としてのひねりを入れて、手のつきとの関係をわからせる。
- ●手のつきにズレがあるので、左右の手のつきをとらえ、着手後の突き放しを強める。

対象
低・中学年
人数
1グループ4〜5人

① 最初はマットの上で、川とびの練習をする。

② 次に低いとび箱で、斜めや正面からの横とび越しの練習をする。

③ 腕立て横とび越しから、少しずつひねりを加えていくようにする。

④ 着地した時の足は、はじめのうちはとび箱のほうへつま先が向くようにさせる。さらにひねりを加え、横向きで着地できるようにする。

⑤ 次にひねりのタイミングを少し早くして、十分に上体が上がったところでひねるようにする。この時、片腕の突き放しが大切になる。

⑥ 腰やひざは曲げたままでよいが、慣れてきたら腰を引き上げ、両腕に体重をのせるようにする。

指導のポイント

●とび箱の高さはあまり低くてもやりにくいので、楽に腰が引き上げられ、子どもが恐怖心をもたない程度の高さにするとよい。

腕立て横とび越し

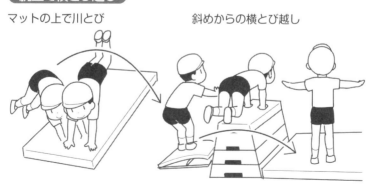

マットの上で川とび　　　　斜めからの横とび越し

96

正面からの横とび越し

腰を高く上げた
横とび越し

ひねり横とび越し

腰が高いひねり

手と足のつき方

つま先がとび箱の
ほうへ向くように

ひねりを加えて
横向き着地

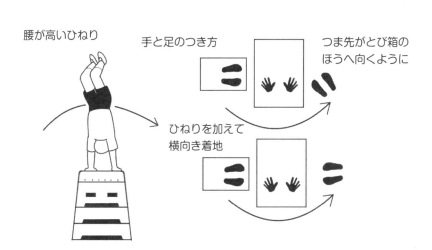

器械運動遊び【とび箱遊び】

ホップ側転 ほか

ねらい
- 下半身をはね上げて、倒立経過の側転とびまで体を浮かせるジャンプの仕方をつかませる。
- 強く踏みきり、腰を高く引き上げ、第2次空間の表現を大きくする。

対象
中・高学年

人数
1グループ4〜5人

① 最初はマットの上で、ホップ側転の練習をする。
② 次に、とび箱1〜2段を縦につないだ上から側転をし、着地に慣れさせる。
③ できるようになったら、踏切板の上から側転をする。片足踏みきりなので、片足が踏切板についている時、もう一方の足を振り上げて回転をつくる。
④ 台上で側転をして下りる時、残ったほうの手を突き放して着地するようにする。
⑤「側方倒立回転とび」は、強く踏みきった後、片手ずつつき、片手ずつ突き放して横向きのまま着地する。顔は下を見る。

指導のポイント

- 足を振り上げて腰を伸ばすことや、残った腕を突き放すことを意識して指導する。

はじめはマットで練習しよう

低いとび箱で着地に慣れる

ホップ側転

側方倒立回転とび

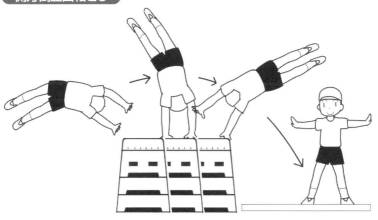

器械運動遊び【とび箱遊び】

台上前転

ねらい ●助走から両足で高く踏みきり、背を丸くして
回転する感覚がわかる。

対象
中・高学年

人数
1グループ4〜5人

① 最初はマットの上で、まっすぐ前
　転ができるように練習する。
② できるようになったら、とび箱の
　低い段でやってみる。手をついた時
　に脇をしめる感じで、左右にふらつ
　かないよう練習する。
③ とび箱の高さが上がるにつれて腰
　を高く引き上げなければならないの
　で、強い踏みきりをして腰を引き上
　げる。
④ とび箱の手前のほうに手をつき、
　背を丸くして前転し、回転が終わっ
　てから体を伸ばして着地する。

指導のポイント

●回転の途中で腰を反らせると、
とび箱の先で腰を打つことが
あるので、回転の時の丸めた
姿勢で着地が安全にできるよ
うに指導する。

とび箱の手前に手をつく　　体をしっかり支える

前を見る

両足踏みきり

ふわっと着地する

練習1 まずはマットで前転の練習をしよう

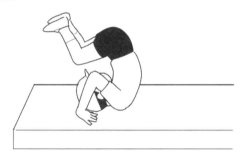

練習2 低いとび箱で練習

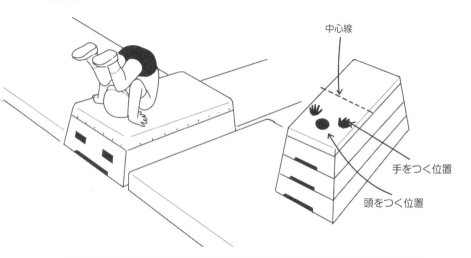

中心線

手をつく位置

頭をつく位置

アドバイス

横に曲がって落ちたりする子
どもには、そばについて、首
すじのあたりと腰をかるく押
さえるように補助してあげる。

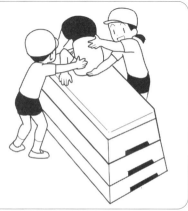

器械運動遊び【とび箱遊び】

ネックスプリング

ねらい
- ●スピードのある助走から、両足踏みきりをして倒立姿勢で着手することができる。
- ●腕の突き放しを強め、第2次空間の表現を大きくする。

対象
高学年

人数
1グループ4～5人

① 台上前転と同じように後頭部をとび箱につける。
② 回転の後半で、斜め前方にはねるようにする。
③ はねる時、同時に体を反らし、腕を伸ばして転回する。

指導のポイント

●足のはね上げと背の反りは同時にすばやく行なうようにする。また、両腕の突き放しは両腕が伸びきるまで強く行なうようにする。

おへそを出すように
足を振り下ろす

踏みきったら
ひざを伸ばす

手を押し放す

ふわっと着地する

練習1 まずはマットで練習しよう

練習2 とび箱2台とマットをかぶせて練習する

アドバイス

補助は、片手を首のつけ根にあて、もう一方の手を足にあてて、はねると同時に足を押し出し、首のつけ根の部分を上に持ち上げるようにする。

器械運動遊び【とび箱遊び】

斜めあおむけとび

ねらい ●第２次空間での表現としてのひねりを入れて踏みきり、手のつきとの関係をわからせる。

<table>
<tr><td>対象</td></tr>
<tr><td>中・高学年</td></tr>
<tr><td>人数</td></tr>
<tr><td>１グループ４～５人</td></tr>
</table>

① 外側の足（下の図では右足）で踏みきり、内側の足（左足）を振り上げる。

② あおむけになって両足をそろえ、両手を着手する。

③ 外側の手（左手）を放して着地する。

指導のポイント

●着手の際に手首を痛めることがあるので、体を押し出すようにして、手首に負担がかからないようにする。

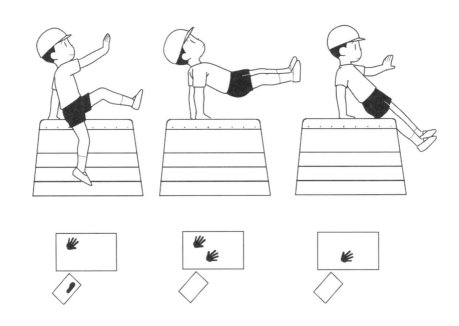

ボール遊び

　ボール遊びでは、ボールの空間移動をどう読み取るか、落下地点へどうすばやく移動するか、空いた場所へどう移動してボールを受け取るかなど、ボール・味方・相手に対する予測・判断の力を養います。

　ボールを投げたり受けたり、ついたりするようなボール扱いに慣れ、ボールとの距離感がわかり、そのスピードに自分の体をタイミングよく合わせられることが大切です。

　例えばボール投げでは、できるだけ腕を大きく動かし、手首を柔らかく使い、体全体で投げることです。またボールキャッチでは、顔の前あたりで両手を開いて捕ります。とくに真上に高く投げて、落ちてくるボールをできるだけ視覚上方で捕る練習をすることです。

　ボール遊びの楽しさを十分に味わえるようなボール慣れ遊び、的当てゲームからの発展として、攻めたり守ったりと攻防入り乱れたゲームを考えるとおもしろいでしょう。

　まとめると、①シュートが容易であること、②攻め方・守り方の簡単な工夫ができること、③運動量があり、動きに変化をもたせる発展性があること、④ルールがわかりやすく規則が少ないこと、の４点が、ボールゲームを教材化するポイントとしてあげられます。

　また鬼ごっこ遊びなども、鬼から逃げたりつかまえたりという、相手に対する予測・判断など、身体制御の力を養います。

ボール遊び【サッカー型】

ボールタッチ遊び

ねらい ●ボールを足で扱う動きに慣れ、できるだけボールを動かさずに、つま先でボールの一番上をさわるようにする。

用意するもの／サッカーボール

対象
全学年
人数
1グループ4～5人

① 2人に1個ボールを与える。1人がやり、もう1人が30秒間に何回ボールにタッチしたか数える。
② 両足の前にボールを置き、左右交互にボールのてっぺんにつま先をつける。
③ 終われば交代し、回数を競い合う。

指導のポイント

●ひざを曲げて両足を交互に動かし、片足がボールについた時、体のバランスがうまくとれるようにする。

21.22…
すごい！
あ～！
おっと…

ボールタッチ30秒

ボール遊び【サッカー型】

8の字ドリブル

ねらい ●速いドリブルになってもコントロールを失わずにボールを保持できるようにする。

対象
全学年
人数
1グループ4〜5人

用意するもの／サッカーボール　ストップウォッチ

① 地面に2つの円を描く。2グループでの対戦となるので、グループ数に応じて円を描く。
② スタート位置から出発してAの円周をまわる。1周したらBの円に移り、円周をまわってゴールする。
③ タイムの総合計を2グループで競い合う。

指導のポイント

●ボールコントロールを失っても元のコースに戻る。
●時計係を決め、正確にタイムを計る。

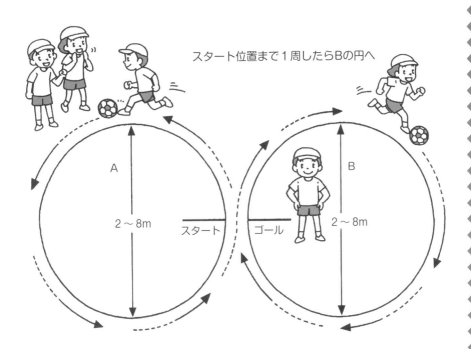

スタート位置まで1周したらBの円へ

A　2〜8m　スタート　ゴール　B　2〜8m

107

ボール遊び【サッカー型】

鬼ごっこ遊び

ねらい ●速いドリブルになってもコントロールを失わずにボールを保持できるようにする。

対象
全学年

人数
1グループ 4〜5人

用意するもの／サッカーボール

① 地面に円を描く。最初は直径5mくらいから始めるとよい。

② 2人一組で片方が鬼になり、円周をドリブルしながら追いかけっこする。ボールも人も円の中に入ってはいけない。

③ 左右どちらにまわるかは鬼が決める。途中でターンして方向を変えて追うこともできる。

④ 鬼は追いついてタッチするか、自分のボールを相手に当てれば終わり。

指導のポイント

●トップスピードを維持できる程度の時間に制限する（10秒とか20秒）。

●ドリブルがうまくできない子が鬼の場合、鬼はボールなしとする。

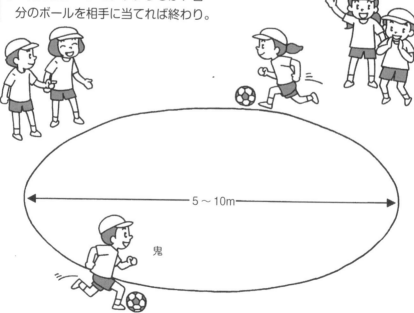

5〜10m

鬼

108

ボール遊び【サッカー型】

ドリブル遊び

対象
全学年
人数
1グループ4〜5人

ねらい ●小さい円、中くらいの円、大きい円を左まわり・右まわりすることによって、両足のアウト・インの位置を使いながら自由にドリブルできる技術を養う。

用意するもの／サッカーボール　ストップウォッチ

① 地面に円を描く。
② 半径2・4・8mの円の円周をドリブルでまわり、タイムを競い合う。
③ 総合計のタイムが少ないグループの勝ちとする。

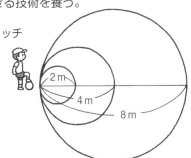

指導のポイント

●体の前方でボールに触れるとボールは1歩先に行ってしまう。ボールを追いかけてはダメ。ボールを追い越すくらいのつもりでボールに近づき、体の真下からボールを押し出すように進む。

直進する場合

1　ボールの横に軸足を踏みこむ。
2　ひざを曲げ、アウトサイドでボールに触れる（左まわりの場合はインサイドで）。
3　ボールと足をくっつけて押し出す感じ。
4　ひざを曲げたまま、体全体で前に出る（2〜4までボールと足をくっつける）。
5　ひざをかるく伸ばしながらボールを押し出す。

円周をまわる時は斜め前へ

109

ボール遊び【サッカー型】

ボール引きとドリブルゲーム

ねらい　●ボールを足で扱うことに慣れ、ボールのけり
方やコントロールの仕方を身につける。

用意するもの／サッカーボール　旗

対象
低、中学年
人数
1グループ4〜5人

① ボールのてっぺんを、足の裏を使
って交互に引く。
② その後トゥキックでボールの中心
をけりながら元の位置に戻る。
③ 練習の後、ボール引きとドリブル
を使った折り返しリレーゲームをす
る。
④ 行きはボール引き、帰りはドリブ
ルして次の人と交代する。

指導のポイント

●ボール引きは、足の裏でボー
ルの上を交互にリズミカルに
引かせるようにする。
●ドリブルは、ボールをコント
ロールしながら（自分の前1
〜2mくらいで）キープして、
けるようにする。

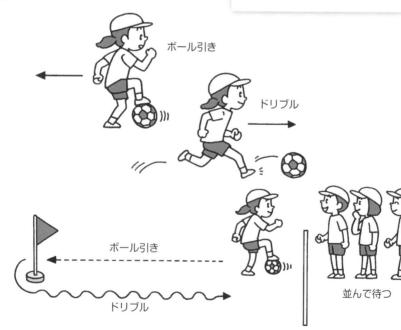

ボール引き

ドリブル

ボール引き

ドリブル

並んで待つ

ボール遊び【サッカー型】

ポストシュート合戦

ねらい ●止まっているボールの真ん中を、2～3歩助走して足の甲で強くけれるようにする。

対象
全学年
人数
1チーム4～5人

用意するもの／サッカーボール

① ゴールまで5～6mの位置にボールを置き、ジャンケンで勝ったチームから1人ずつける。
② 相手チームは、キーパーを出してシュートを防ぐ。
③ 全員がけり、シュートが入った数だけ得点となる。
④ 終わったら交代し、点数を競い合う。
⑤ キーパーはできるだけ順番でやる。

指導のポイント

●ボールをけった時、重心（体）が後ろに残らないようにできるだけ前のほうにかけて、強いボールを足の甲でけれるようにする。

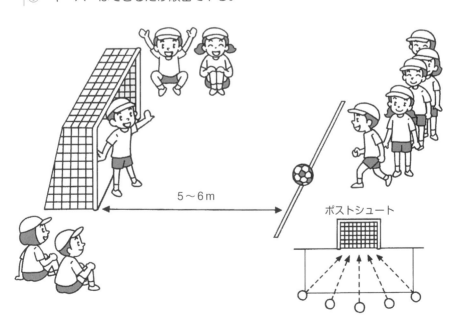

5～6m

ポストシュート

111

ボール遊び【サッカー型】

ボールけりだしゲーム

ねらい
●相手からボールを遠ざけて、ボールをキープできるようにする。
●相手とボールとの間に自分の体を入れて守れるようにする。

対象
低・中学年
人数
1チーム4～5人

用意するもの／サッカーボール

① 半径10mの円を描き、その中で味方5人が1個ずつボールを持つ。
② 相手チームにボールを円外にけり出されないように、ボールをキープする。
③ 全部ボールがけり出されるまでやり、交代する。
④ 長い時間ボールをキープしたほうが勝ち。

指導のポイント

●ボールをキープする時、腰を低くすることで動きに幅ができてくるので、工夫させる。

保持者
けり出す人
半径10mの円

ボール遊び【サッカー型】

サッカー遊び

ねらい ●みんなで協力して、作戦を考え、パスをもらってシュートができるようにする。

対象
低・中学年
人数
1チーム4～5人

用意するもの／サッカーボール

① ジャンケンで勝ったチームが、センターマークからキックオフ。
② ゴールすれば1点。
③ 得点後、得点されたチームが、センターマークからキックオフ。
④ ラインは、ゴールライン、ゴールエリアラインくらいでよい。タッチラインはなし。
⑤ 腰より高いボールは手で1回はたいてもよい、というルールをつけ加えてもよい。

指導のポイント

●低学年では、タッチラインがない方がスムーズにゲームが進行できておもしろい。
●中学年以上からタッチラインを使ったゲームにする。

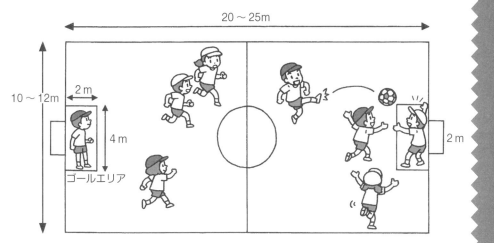

20～25m

10～12m

2m

4m

ゴールエリア

2m

ボール遊び【サッカー型】

じゃまじゃまサッカー遊び

ねらい ●ディフェンスの空間をつくることによって、パスを工夫し、シュートにつなげるようにする。

対象
全学年
人数
1チーム3人

用意するもの／サッカーボール

① ゲーム人数は3人対3人。キーパーはなし。ゲーム時間は4分間。
② 攻撃チームのボールでセンターマークからキックオフ。
③ 守備チームは、自チームのじゃまゾーンでしかボールを奪うことができない。
④ 攻撃チームは、相手のじゃまゾーンを越えてパスして、ゴールすれば1点。
⑤ 得点後、攻守を交代してセンターマークからキックオフ。
⑥ 得点の多いチームの勝ち。

じゃまじゃまサッカー

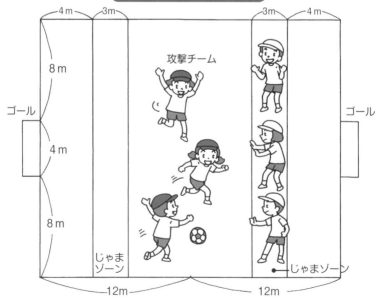

指導のポイント

● 相手のじゃまゾーンをいかにかいくぐるかを工夫させる。
● スルーパスなどを使って味方にパスし、シュートするコンビネーションプレーをゲームで使えるようにする。

1対1ボール横どりシュートゲームをしよう

① 1チーム5人。キーパーはなし。両チームから1人ずつ出てジャンケンをし、勝った人が最初にボールにタッチして攻め始める。
② ボールを取り合いながら、お互いに相手ゴールにシュートする。決まれば1点。
③ ゴールが決まったら、次の組と交代して続ける。
④ 5人全員がやり、得点の多いチームの勝ち。

1対1ボール横どりシュートゲーム

ゴール
2m
10m
20〜25m

ボール遊び【サッカー型】

サッカー①

ねらい
- ●ける側の足首はブラブラさせず、足の親指を曲げる。
- ●ける時、軸足は1本になるので、バランスをとるために両腕は開く。
- ●ボールをしっかり止めてける。

対象
低・中学年
人数
1グループ4〜5人

用意するもの／サッカーボール　段ボール箱　記録用紙

指導のポイント

- ●①ボールのどこをけるか、②足のどこを使うか、③軸足はボールのどこに置くか、④ける時、腕はどうするか、をきちんと教えることが大切。

インステップキックの練習

指先で靴の底を押すようにする

立ち足はボールをける方向につま先を向ける

ボールの真横に踏みこむ

足の甲の中央部分でボールをとらえる

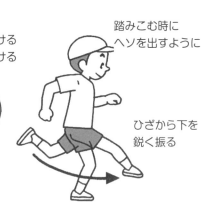

踏みこむ時にヘソを出すように

ひざから下を鋭く振る

段ボール崩し

① ける位置を決め、1人ずつ段ボールに向かってける。

② 段ボールが崩れたら、その位置に玉置きをする。

③ 2人組になり、1人がける時、もう1人はボール拾いをする。

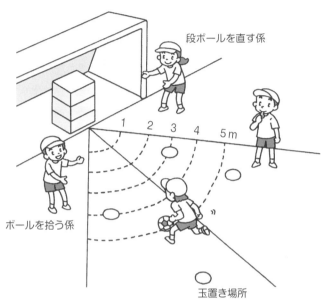

段ボールを直す係

ボールを拾う係

玉置き場所

ゲームの記録カード

No.	なまえ	ゲームNo.				個人得点
	段ボール崩し・シュートゲーム 　　　月　　日（　　）　　　　　　チーム、キャプテン					
		①	②	③	④	
1						
2						
3						
4						
5						
	チーム得点					

発展　シュートゲーム

① ボールが当たって段ボールが崩れたら得点。

② 得点は、段ボールからの距離にする（2m＝2点、5m＝3点）。

③ 合計点が多いチームの勝ち。

サッカー ②

ねらい ●2人のコンビネーションによるパスからのシュートができるようにする。

用意するもの／サッカーボール

対象
中・高学年
人数
1グループ4～5人

指導のポイント

● 2人組でパスからのシュートをする。トラップを柔らかくていねいに行い、ゴール方向へボールを向けることがポイント。
● 最初はパスをゆるめに出してやり、トラップしやすいところから始めるとよい。

シュート練習

バックパスからのシュート

ゴール脇からパスを出し、正面でボールをトラップして、ドリブルからシュートする。

真横からパスをもらいシュート

今度はパスを真横から出し、横向きでトラップしてドリブルシュートする。

シュート
ドリブル
B
パス
A
トラップ
トラップは柔らかく

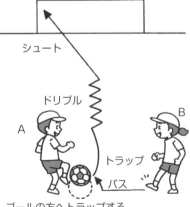

シュート
ドリブル
A
B
トラップ
パス
ゴールの方へトラップする

斜め後ろからパスをもらいシュート

次は斜め後ろからパスをもらいシュートする。横の時よりもゴールのほうへ上手にトラップしないとうまくいかない。

後ろからパスをもらいシュート

最後は後ろからパスをもらってシュートする。後ろからのトラップはかなり難しいので、柔らかくトラップする。

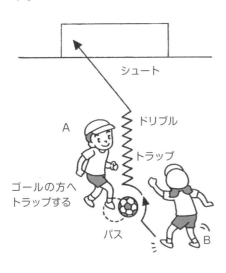

シュート

A

ドリブル

トラップ

ゴールの方へ
トラップする

パス

B

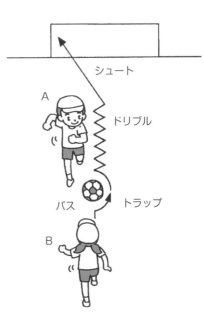

シュート

A

ドリブル

パス

トラップ

B

ドリブルのやり方

上をけると前に進み過ぎてしまう。
下をけると逆回転して元に戻る力が加わり、
ボールの速さをおさえる。

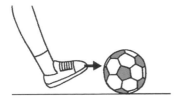

ボール遊び【ハンド型】

ボールころがしゲーム

ねらい ●平均台や、子どもたちがつくった積み木などのゴールを使って、ボールを一定の方向に正確にころがすことができるようにする。

対象／幼児
人数
1チーム4〜5人

用意するもの／0号か1号ボール　平均台や積み木などのゴール

① ゴールまで3〜4mの位置から、ボールをころがしてゴールに入れる。
② 外したボールは自分で拾い、ゴールに入るまでころがす。
③ 入ったら、ボールを拾って次の人と交代する。
④ 早く全員がゴールしたチームの勝ち。

並んで待つ

ライン

3〜4m

指導のポイント

●両手でボールを持ち、ゴールをしっかり見てころがすようにさせる。

トンネル遊び

3〜4m

3〜4m

的（積み木など）に当てる

ライン

ボール遊び【ハンド型】

ドラガンボール

ねらい
●ボールを持ち、相手ゴールのドラム缶に当てることができるようにする。
●シュートできなかったら、相手のいないところに走り、当てることができるようにする。

対象
幼児、低学年
人数
1チーム4〜5人

用意するもの／0号か1号ボール　ドラム缶

① 1ゲーム3分間。ゲーム人数は3人対3人。1チーム5人として、前・後半のどちらかに必ず1回は出るようにする。

② ジャンケンで勝ったチームが、センターマークから攻撃開始。

③ ボールを持って走ってよい。乱暴なプレー（ける・たたくなど）は禁止。

④ ドラム缶に当てれば1点で、相手ゴール前から相手チームが攻撃開始。

⑤ 得点の多いチームの勝ち。

指導のポイント

●ゴールエリア前でノーマークの時、シュートすればよいことをわからせる。

●シュートできなければ、空いている場所を見つけるか、味方にパスするかを考えさせる。

ラインは、はじめはなくてもよい

ドラム缶

2〜3m

10mくらい　　　　　10mくらい

ボール慣れ (的当てゲーム)

ねらい ●的やゴールに正確に当てたり、強いボールが投げられシュートできるようにする。

用意するもの／0号か1号ボール　的　記録用紙

対象
幼児、低学年
人数
1チーム4〜5人

① 的が落ちたら得点とする。
② その時、投げた距離が点数になる。
③ 得点の多いチームの勝ち。

的当てゲームの記録			
月　　日（　　　）チーム、キャプテン			
ゲームNo.	1	2	3
名前			
1			
2			
3			
4			
5			
チーム得点			

ボール拾い係

審判　　　記録

1m

1　　　2　　　3　　　4　　　5　　　6m

ボール投げの練習 ボールの投げ方

1　的やゴールをしっかり見て、耳の後ろにボールを持つ。

2　ひじを突き出し、体をひねりながら1歩踏みこむようにする。

3　最後は人さし指で押し出すようにする。

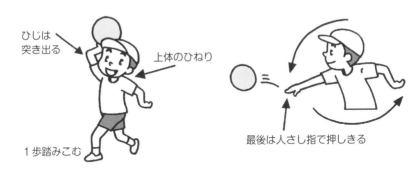

ひじは
突き出る

上体のひねり

1歩踏みこむ

最後は人さし指で押しきる

発展　**シュートボール**

① 　1ゲーム3分間。ゲーム人数は3人対3人。

② 　ボールを持って走ってよい。

③ 　的に当てれば1点で、相手ゴール前から相手チームが攻撃開始。

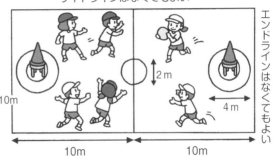

サイドラインはなくてもよい

エンドラインはなくてもよい

10m

2m

4m

10m　　　　　　10m

練習のやり方　2人のパスからのシュートを中心にやる

シュート

バックパス

リターンパス

シュート

パス

走りこんで
リターンパス

123

ボール遊び【ハンド型】

ラグハンドボール

ねらい
- ●ゴールエリアのどこからシュートすれば入るかがわかる。
- ●1人よりも2人でパスして攻めるほうがシュートしやすいことがわかる。

対象
低・中学年

人数
1チーム4〜5人

用意するもの／0号か1号ボール　手づくりゴールなど　記録用紙

① サイド・エンドラインはなし。
② 1ゲーム3分間。ゲーム人数は4人対4人。
③ ボールを持って走ってよい。
④ ゴールエリアの外側からゴールすれば1点で、相手のキーパーボールから攻撃開始。

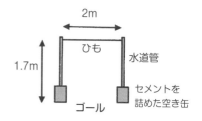

2m
ひも
1.7m
水道管
ゴール
セメントを詰めた空き缶

サイド・エンドラインはなくてよい

3〜4m

3〜4m

約18m

シュートの練習　パスからのシュート練習をする

空いた空間に走り、パスをもらって
シュートする

相手をおびきよせて、バックパスを
して空いた空間に走り、パスをもら
ってシュートする

空いた
空間

シュート

フォロー　　　　　　走る

おびきだす

走る

(2) リターンパス

(1) バックパス

シュートゲーム

1　シュート地点（①②③）からシュ
　ートする。
2　シュート成功数でチーム得点を決
　める。

シュートゲーム記録カード			
月／日			
○○チーム対○○チーム			
（　　）点 対（　　）点			
記録（　　　　　）			
どこから なまえ	1	2	3	得点
チーム合計				

ボール遊び【ハンド型】

ハンドボール

ねらい
- ●ハンドボールのルールがわかり、みんながシュートのおもしろさを味わえるようにする。
- ●2人や3人で攻めるコンビネーションプレーの方法がわかり、ゲームに使えるようにする。

対象
中学年以上
人数
1チーム4〜5人

用意するもの／0号ボール　手づくりゴールなど

①　1ゲーム3分間。ゲーム人数は4人対4人。1チーム5人として、前・後半のどちらかに必ず1回は出るようにする。
②　ジャンケンで勝ったチームが、センターラインから攻撃開始。
③　ボールを持っての移動は5歩までとする。
④　乱暴なプレーは、その場からフリースロー。
⑤　得点の多いチームの勝ち。
⑥　必要なルールはみんなで話し合ってつくっていく。

指導のポイント

●シュートにつなげるための意図的なプレーを考えさせる。
●2人での攻め方を元にして、作戦を考え、ゲームができるようにさせる。

作戦を考えよう

居残り作戦

居残り

ツートップ作戦

ツートップ

ボール遊び【ハンド型】

バスケットボール①

ねらい ●シュートしやすい位置を知り、指の使い方を
柔らかくして、バックボードに当てる位置を
よく見て、シュート成功率を高める。

対象
高学年
人数
1グループ4〜5人

用意するもの／バスケットボール　シュート調査表

シュートの練習　シュートする時のポイント

① 手首の力を抜き、楽に構えて、顔の前にボールを持ってくる。
② 視線をリング上の黒枠におき、黒枠線上をめがけてボールを押し出す。
③ ボールは、かるくバックボードに当てるようにする。

ボールを当てる位置

ゴール下から1mごとに測り、
シールを貼って印をつける

シュート位置は左・右45°、0.5m

シュート調査では、左・右45°、0.5mの位置が成功率が最も高く、
55%である。最もシュートが入りやすい空いた場所（左・右45°、1
m以内）に走りこみ、味方からのパスをもらってシュートすることが
練習課題として明らかになってくる。

シュート調査表

	0.5m	1m	2m	3m	4m	5m	合計
正面	21	25	16	13	8	3	86
左45°	24	22	14	5	3	1	69
右45°	33 55%	30	19	6	5	4	97
左横	26	19	10	8	2	4	69
右横	31	24	7	8	7	2	79
合計	135 45%	120 40%	66 22%	40 13%	25 8%	14 4.6%	

各シュート位置からの成功率

重要空間（最もシュート成功率が高い空間）

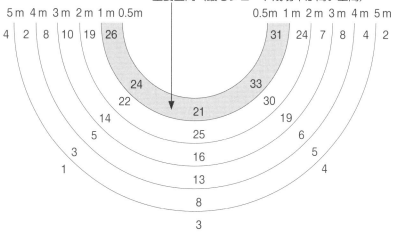

走りながらのシュート練習

走りこんで　　　　　パスをもらって

129

ボール遊び【ハンド型】

バスケットボール②

ねらい ●シュート位置に走りこみ、パスからのシュートができるようにする。

対象
高学年
人数
1グループ4〜5人

用意するもの／バスケットボール

パスやシュートの練習

アンダーハンドパス

① 高く構えて守っている相手の脇の下を通すようなパスを出す。
② その時、ひざの高さから押し出すようにパスをする。

オーバーヘッドパス

① 相手の頭を越して味方にパスをする。
② その時、パスは山なりのボールを出す。

バウンズパス

① 相手の足元を抜いて味方にパスを出す。
② その時、味方の胸くらいのところにパスをする。

チェストシュート

① 胸元でボールを持ち、両腕をそろえる。
② 斜め上に押し上げるように投げる。

オーバーヘッドシュート

① 頭上にボールを構え、両手のひらを斜め上に向ける。
② 腕を伸ばしてシュートする。

ワンハンドシュート

① 手首を前に伸ばしながら、人さし指と中指でボールを押し出してシュートする。

いろいろな作戦を考えて練習する

居残り作戦

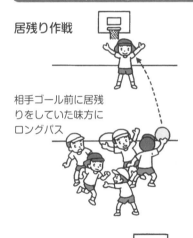

相手ゴール前に居残りをしていた味方にロングパス

中継ぎを通して居残りにパスを通す作戦

走る

走る

パスをした後、走ってリターンパスをもらい、ゴール前に走りこんだ味方にパスをする

ボール遊び【フラッグフット型】

しっぽとりゲーム

ねらい
- みんなで協力して話し合い、作戦を考え、相手のしっぽを取ったり、また、取られないように工夫する。
- 攻めたり守ったりする予測・判断の力を身につける。

対象
低学年
人数
1チーム5人

用意するもの／ハチマキ（1人2本）

① 人数は5人対5人。全員、両腰にハチマキをはさむ（40～50cm外に出す）。
② 味方と協力して相手のハチマキを取る。1本取られたらコート外に出る。
③ 取られそうになったら自分の陣地に帰ってもよい。
④ 相手チーム全員のハチマキを早く取ったほうの勝ち。

指導のポイント

- 作戦を考えて、どの方向に誰が攻めたり守ったりするか、話し合いをさせてからゲームをする。

コートの大きさは、チームの人数によって考えよう

ボール遊び【フラッグフット型】

インベーダーゲーム

ねらい ●作戦を考え、味方同士で協力して相手の関所を
通過し、ゴールまで走り抜けられるようにする。

対象
低・中学年
人数
1チーム5人

用意するもの／ハチマキ（1人2本）　コーン　記録用紙

① 1ゲーム2分間。人数は5人対5
人。
② 攻撃チームは、両腰に40～
50cm外に出してハチマキをはさみ、
陣地から攻撃開始。
③ 守備チームは、関所に1～2人ず
つ入る（関所ラインは3本）。守備
は関所のライン上しか動けない。
④ 関所でハチマキを1本取られたらアウトで、外に出る。
⑤ ハチマキを取られずにゴールまで行けば1点。
⑥ 次は攻守を交代してやり、得点の多いチームの勝ち。

指導のポイント

●ゲームを始める前に作戦時間
を与えて、攻めも守りもどの
ようにするかを話し合ってか
らゲームをさせる。

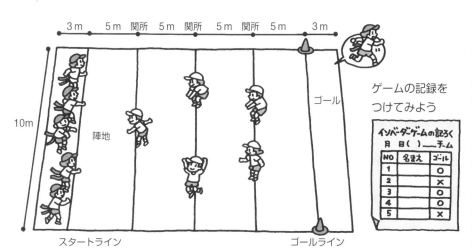

3m　　5m　関所　5m　関所　5m　関所　5m　　3m

10m

陣地

ゴール

スタートライン　　　　　　　　ゴールライン

ゲームの記録を
つけてみよう

\multicolumn{3}{c}{インベーダーゲームの記ろく}
\multicolumn{3}{c}{月　日（　）＿＿チーム}
NO	名まえ	ゴール
1		○
2		×
3		○
4		○
5		×

133

ボール運びゲーム①

ねらい ●作戦を考え、ハチマキを取られないようにディフェンスをかわし、ボールを持って相手ゴールにタッチダウンできるようにする。

対象
低・中学年
人数
1チーム5人

用意するもの／ライスボールか1号ボール
ハチマキ（1人2本）　コーン　記録用紙

① 人数は5人対5人。
② ジャンケンで勝ったチームは、両腰に40〜50cm外に出してハチマキをはさみ、1人1個ボールを持つ。
③ 負けたチームは、図のようにセンターハーフの後ろで待つ。
④ 笛の合図で陣地から開始。ディフェンスをかわして、ハチマキを取られずに相手ゴールにタッチダウンしたら1点。
⑤ 途中でハチマキを1本取られたら、コート外に出る。
⑥ 次は攻守を交代してやり、得点の多いチームの勝ち。

指導のポイント

●ゲームを始める前に、どのように攻めるか、守るか、チームごとに作戦を考え、工夫させる。

アドバイス1

ルールづくりの工夫

ボールを持つことによりゲームらしさが出てくるとともに、足の速い・遅いが大きなポイントになってくる。1人の力ではなくチームの協力で勝つ喜びを得られるように、ルールづくりを考えたい。ルールによって作戦の立て方もまた変わっていく。

ゲームの記録をつけてみよう

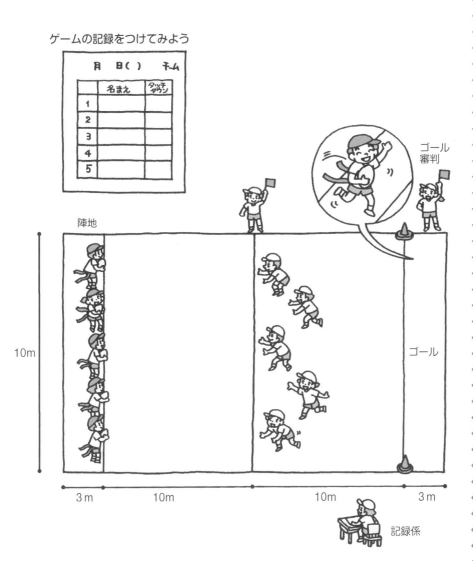

月 日( ) チーム		
	名まえ	タッチダウン
1		
2		
3		
4		
5		

陣地

ゴール審判

10m

ゴール

3m　　　10m　　　10m　　　3m

記録係

作戦の工夫

①作戦をチームで考え、工夫する。

②1人ひとりのコートの面のとり方・走り方を考える。

③チーム全員がタッチダウンできるように、面のとり方・走り方を工夫する。

ボール運びゲーム②

ねらい ●作戦を考え、ボールを持つ味方を守り、ディフェンスをかわして、タッチダウンできるようにする。

対象
低・中学年
人数
1チーム5人

用意するもの／ライスボールか1号ボール　ハチマキ（1人2本）　コーン

指導のポイント

●ゲーム開始前に、ボールを持つ味方を守りつつ、いかにタッチダウンするかを話し合ってからゲームをさせる。

① 人数は5人対5人。

② ジャンケンで勝ったチームは、両腰に40〜50cm外に出してハチマキをはさむ。1人がボールを持つ。

③ 負けたチームは、図のようにセンターハーフの後ろで待つ。

④ 笛の合図で開始。ボールを持つ人を守り、相手ゴールにタッチダウンする。

⑤ 途中でボールを持つ人のハチマキを取れば、その場でゲームストップ。引き続き2回目の攻撃をその場から開始する（誰がボールを持ってもよい）。

⑥ 攻撃回数は3回。3回取られたら攻守を交代する。もちろんゴールにタッチダウンすれば1点で、交代する。

⑦ ゲーム時間は、攻撃（3回）が終わるまでとする。

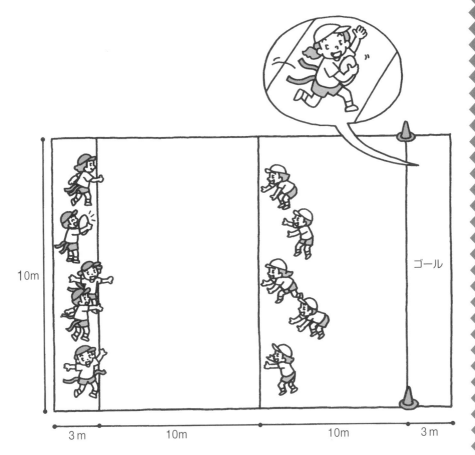

10m

3m　　　　10m　　　　　　10m　　　　3m

ゴール

アドバイス

ルールづくりの工夫

「ボール運びゲーム①」では全員がボールを持って走るが、「②」では4個・2個・1個とボールを持つ人数をだんだん少なくしていく。それだけ1個のボールの値打ちは大きくなってくる。それぞれが攻めていた型から、お互いが確かめ合い、攻めるチームとしての型がより求められるようになる。1個のボールを扱うことで、攻めの役割分担が1人ひとり決まり、みんなが協力してタッチダウンの目標に向かって進めていくことができる。

フラッグフットボール

ねらい ●みんながタッチダウンできる作戦を考え、協力してゲームができるようにする。

対象
中・高学年
人数
1チーム5人

用意するもの／ライスボールか1号ボール
ハチマキ（1人2本）　コーン　作戦図

指導のポイント

●ゲームをする前に作戦時間を与え、5人がどのように動くか話し合い、作戦図に書かせる。

① 人数は5人対5人。
② ジャンケンで勝ったチームは、両腰に40〜50cm外に出してハチマキをはさむ。1人がボールを持ち、図のように配置する。
③ 攻撃側のセンターが「レディー、ゴー」と言ってクォーターバックにボールを渡し、攻撃開始。
④ 「レディー、ゴー」と言わないうちに守備が動いたら、反則とする（反則3回で1点減点）。
⑤ ボールを持つ人のハチマキが取られるか、ボールを落としたら、その場でゲームストップ。引き続き2回目の攻撃をその場から開始する。3回まで攻撃できる。3回までにタッチダウンすれば、最初の位置から攻撃が始められる。
⑥ 前パスは1回しかできない。後ろパスは何回でもできる。
⑦ パスしたボールを守備が取れば、そのままボールを持って相手ゴールへタッチダウンできる。
⑧ 前パスが失敗した時は、その回の攻撃開始場所へ戻り、そこから再開する。

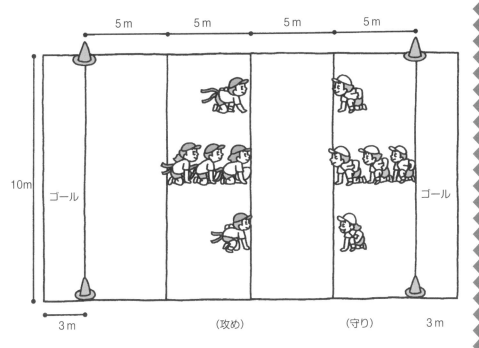

5m　　5m　　5m　　5m

10m

ゴール　　　　　　　　　　　　　ゴール

3m　　　　（攻め）　　　　（守り）　　　3m

ゲームの開始の形

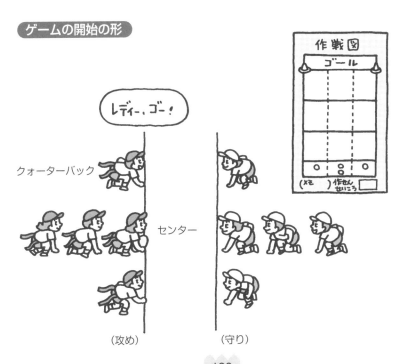

レディー、ゴー！

クォーターバック

センター

作戦図

ゴール

（攻め）　　　（守り）

139

ボール遊び【チャンバラ遊び】

先生対子どもチャンバラごっこ

ねらい
●いくら強い人がいても、人数が多ければ勝てないことがわかる。
●ボール遊びで必要な空間認識の力を育てる。

対象
幼児、低・中学年
人数
10人くらい

用意するもの／新聞紙（各自用意）

① 剣は新聞紙を細く丸めてつくる。
② 教師と子どもに分かれて行なう。
③ 頭や顔など危険なところをたたいたら反則で、コートの外に出る。
④ 教師が斬られたら負け。
⑤ 教師はすぐ斬られるので、教師の味方を少しずつ増やしてゲームを再開していく。

20m

10m

教師

指導のポイント

●360°から攻められたら、どんな強い人でも負けてしまうことをわからせる。

剣のつくり方

短い剣

ガムテープかセロハンテープでとめる

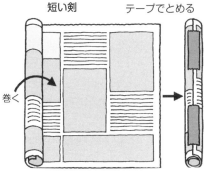

巻く

長い剣　縦長に巻く

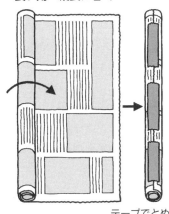

テープでとめる

細長い剣
斜めに巻く

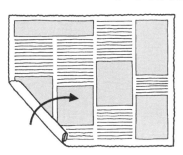

いろいろな剣をつくって話し合い、例えば男子は短い剣、女子は長い剣にしてもよい。

ボール遊び【チャンバラ遊び】

5対5チャンバラごっこ①

ねらい
- どちらも人数を同じにして、作戦を考えてゲームができるようにする。
- 味方や相手を予測・判断する力や、ボール遊びで必要な空間を認識する力を育てる。

対象
全学年
人数
1チーム5人

用意するもの／新聞紙（各自用意）

① 剣は新聞紙を丸めてつくる（p141参照）。
② 両チーム左右に分かれ、笛の合図でゲーム開始。
③ 相手に斬られたら、その場に座る。同時に斬り合いになれば、両方とも座る。
④ 頭や顔など危険なところをたたいたら反則で、コートの外で座って待つ。
⑤ 最後まで残った人のチームの勝ち。

指導のポイント

- 始める前に作戦を考え、どの方向に誰と誰が攻めるかなど、話し合ってからゲームをさせる。

ボール遊び【チャンバラ遊び】

5対5チャンバラごっこ②
──生き返る

ねらい
- ●みんなで作戦を考えて、ゲームに生かせるようにする。
- ●ボール遊びに必要な空間を認識する力や、味方や相手を認識する力を育てる。

用意するもの／新聞紙（各自用意）

対象
全学年
人数
1チーム5人

① 剣は新聞紙を丸めてつくる（p141参照）。
② 両チーム左右に分かれ、笛の合図でゲーム開始。
③ 斬られたらその場に座るが、味方のタッチで生き返り、また参加できる。
④ 1ゲーム3分間で、残った人数の多いチームの勝ち。
⑤ 時間内に全員斬られたらゲームは終わりとする。

指導のポイント

●味方が斬られたらすぐ助けたり、逆に、相手が助けに来られないようにディフェンスをおいて守ったりするなど工夫させる。

143

ボール遊び【チャンバラ遊び】

チャンバラごっこ（宝とりゲーム）

ねらい
- 相手の宝物をとるために、作戦を考えて、ゲームに生かせるようにする。
- ボール遊びに必要な空間を認識する力や、味方や相手を認識する力を育てる。

対象
全学年
人数
1チーム5人

用意するもの／新聞紙（各自用意）　宝物（ボール）　ポートボール台

① 剣は新聞紙を丸めてつくる（p141参照）。
② 両チームが宝物を置いたゴールエリアの前に立ち、笛の合図でゲーム開始。
③ 斬られたらその場に座るが、味方のタッチで生き返り、また参加できる。
④ 宝物を持ち帰る途中で斬られたら、宝物はその場で手放す。
⑤ 宝物を自分の陣地（ゴールエリア）まで持ち帰れれば勝ち。

指導のポイント

- グループで作戦を考え、守りの人数と攻めの人数などを考えてゲームをさせる。

144

ボール遊び【鬼ごっこ遊び】

横手つなぎ鬼

ねらい ●横に手をつなぎ、前方・後方・左右の相手を
よく見て、予測・判断しながらすばやく動く
ことができる。

対象
低・中学年
人数
1チーム4〜5人

用意するもの／赤白帽（各自）

① 1チーム4〜5人が横に手をつなぐ。
② 両端の人は帽子を赤にして、どちら
かの人が帽子を取られたらその場に座
る。また手を放してもその場に座る。
③ 最後まで残ったチームの勝ち。
④ 赤・白に分かれてやってもおもしろ
い。

指導のポイント

●この遊びでは、前後・左右
をよく見て、手をつないで
いる左側と右側の人が協力
して、すばやい予測・判断
をすることが大切。

島とび鬼

ねらい ●鬼につかまらないように、とんだり・走ったり・かわしたりする予測・判断の力を身につける。

対象
低・中学年
人数
10～15人

① 形や大きさの違ういろいろな島をつくり、鬼以外の人はどこかの島に入る。
② 鬼はまわりの海をかけまわり、島をとんでいる人をつかまえる。
③ 鬼が「波が来たぞ」と言ったら、全員どこかの島へ渡らなければいけないことにする。
④ 鬼につかまったり、海に落ちた人は、鬼と交代する。

海に落ちても
鬼と交代だよ

もう、だいじょうぶ！

どうしよう！

波がきたぞ～！

どこに行こう…！

あっちにいこう！

ほっ！

鬼

島

指導のポイント

●鬼につかまらないように島から島へとびまわる遊びなので、できるだけたくさんの島をつくり、いろいろなとび方ができるように工夫するとおもしろい。

ボール遊び【鬼ごっこ遊び】

ジグザグ鬼ごっこ

ねらい ●島の中にいる鬼につかまらないように、とんだり・走ったり・かわしたりして逃げる予測・判断の力を身につける。

<table>
<tr><td>対象
全学年</td></tr>
<tr><td>人数
1チーム5〜10人</td></tr>
</table>

A組は左まわりに逃げる

B組

① 図のようなコースをつくる。２チームがジャンケンをして、勝ったチーム（A組）はコースの中に入る。負けたチーム（B組）は内側（島）に入る。
② A組は自陣内を左まわりに走る（右まわりでもよい）。B組はそれを邪魔して、自陣内に引きこもうとする。
③ A組は引っぱられたら、引きずりこまれないように逆に引っぱり返して、B組を自陣内に引きこもうとする。
④ 敵陣に引きずりこまれた人はアウトになり、コースの外に出る。
⑤ 人数が半分以上アウトになったチームが負けになる。

指導のポイント

●太いコース・細いコース・安全な所などいろいろ工夫するとますますおもしろくなる。

ボール遊び【鬼ごっこ遊び】

ドンジャン鬼

ねらい ●ジャンケンをして、すばやく前進したり戻ったりする予測・判断の力を身につける。

対象
低・中学年
人数
1チーム4〜5人

① 図のようなコースをつくり、2チームがそれぞれの陣地に並ぶ。
② 合図で両方から1人ずつ走り、出会った所でジャンケンをする。
③ 勝った人は前進し、負けた人は両手でペケ（×）のサインを送るなど合図をして、自陣に戻る。

指導のポイント

●渦巻き、ジグザグなど、変化のあるいろいろなコースを工夫するとますますおもしろくなる。

④ ジャンケンに負けたチームは、合図があったら次の人がすぐに走る。
⑤ これを繰り返して、早く相手の陣地に入りこんだチームを勝ちとする。

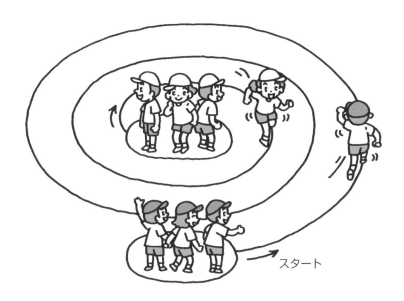

スタート

150

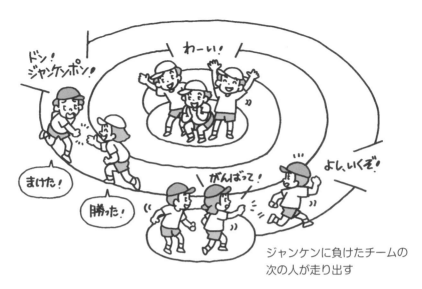

ジャンケンに負けたチームの
次の人が走り出す

バリエーション

いろいろなコースを工夫してみよう

ボール遊び【鬼ごっこ遊び】

十字鬼ごっこ

ねらい ●鬼につかまらないように逃げる（鬼は追いかける）ことにより、スピードをコントロールして走ったり止まったりできる予測・判断の力を身につける。

対象
幼児、低学年
人数
1チーム4〜5人

① 地面に「田」の字を書き、鬼は十字の所に、他の人は外側の四角に入る。

② 鬼は十字の所しか動けず、他の人は十字をとび越えて動かなくてはいけない。

③ 「1周」「2周」など、鬼が回数を指示して開始。

④ みんなは鬼に指示された回数をまわり始める。まわる方向は決めておき、同じ方向に走るようにする。

⑤ 鬼はまわっている人にタッチしてつかまえる。つかまった人は鬼になるので、鬼がだんだん増えていく。

⑥ 誰か1人でも鬼の指示した回数をまわるか、逆に全員がつかまったら終わりにする。

⑦ 十字の外側に通路をつくるとさらにスリルがあっておもしろい。

指導のポイント

● 「タッチされたら鬼を交代する」「タッチされたら外に出る」など、ルールをみんなで考えて工夫させる。

手つなぎ鬼ごっこをしよう

① 鬼を1人決める。

② 鬼につかまったら鬼と手をつなぎ、逃げる人を追いかける。逃げる人が最後の1人になるまで追いかける。

③ 鬼が4人になったら2人ずつの組になって追いかけるようにすると、スリルが出ておもしろくなる。

152

十字鬼ごっこ

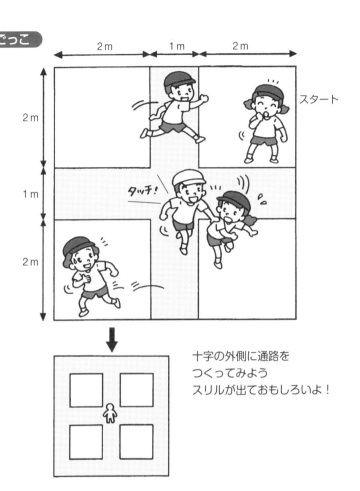

十字の外側に通路を
つくってみよう
スリルが出ておもしろいよ！

手つなぎ鬼ごっこ

場所とり鬼 （ねことねずみ）

ねらい ●走って逃げたり追いかけたりする予測・判断の力を身につける。

対象
低・中学年
人数
15人くらい

用意するもの／赤白帽（各自）

① ねこ（鬼）とねずみを決める。

② 他の人は、円の中心を向いて放射状に2人ずつ座る。

③ ねずみは、ねこにタッチされないように逃げて、2人ずつ座っている列の後ろ（3人目の所）に座る。

④ 3人目に座られた列の先頭の人が、今度はねずみになって逃げる。

⑤ ねこにタッチされたら、鬼を交代して続ける。

指導のポイント

●3人目が座ったら、列の先頭の人はすばやく逃げるようにする。

まてー！

にげろ！

ねこ

ねずみ

今度はこの人が逃げる

前につめる

陸上・なわとび遊び

陸上遊び、なわとび遊びでは、スピードやリズムをコントロールする力が重要です。具体的には、走ったり、くぐったり、まわったり、とんだり、といった総合的な複合能力を養う障害走のようなものです。

障害走は、小学校中・高学年のハードル走や走り幅とびに発展する教材としても位置づけられます。走りながら川の手前でスピードをゆるめたり、川や障害物をとび越える時の踏みきりのタイミングなどを身につけます。

走り幅とびでは、踏みきり技術がもっとも重要になります。踏みきり場所は最初の段階ではっきりさせ、足を合わせる練習が必要です。

なわとび遊びでは、手と足を連動させて動かすことによって、タイミングやリズム感覚を身につけさせます。

障害走

ねらい ●いろいろな障害物を越えるためのスピードコントロールや踏みきりのタイミング、とび越えるリズムを身につける。

対象
低・中学年
人数
１グループ５〜６人

用意するもの／ござ　段ボール箱　平均台など　旗

【ござとび走】　最初は平面で

① ござを均等の距離に３枚置く。

② 川をとび越すように、ござを踏まずにリズミカルにとぶ。

③ 旗をまわり、折り返して戻ってくる。早く上手にまわるには、歩幅を小さくし、体を内側に傾けてまわるとよい。

④ 各グループで練習した後、リレーゲームをする。

【段ボール走】　慣れてきたら高さのある障害物へ

① 段ボール箱を均等の距離に３個置く。

② 段ボール箱をリズミカルに連続してとび越え、旗をまわって戻ってくる。できるだけ遠くの位置から踏みきり、低く連続してリズミカルにとぶ。

③ 各グループで練習した後、リレーゲームをする。

【障害物リレー】　複合的な越え方で

① いろいろな障害物を置く。段ボール（とぶ）、平均台（くぐる）、川（とぶ）、ゴム（とぶ、またはくぐる）、旗（まわる）など。

② スピードを持続しながら、リズミカルにタイミングよくとんだりくぐったりまわったりする。

③ 各グループで練習した後、リレーゲームをする。

ござとび走

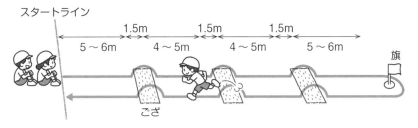

スタートライン

1.5m　1.5m　1.5m
5〜6m　4〜5m　4〜5m　5〜6m

ござ　　　　旗

段ボール走

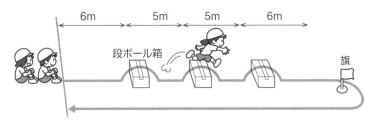

6m　5m　5m　6m

段ボール箱

旗

障害物リレー

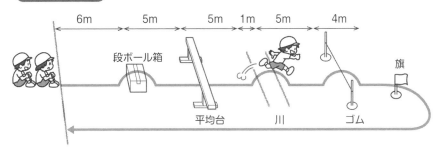

6m　5m　5m　1m　5m　4m

段ボール箱

平均台　　川　　ゴム　　旗

157

陸上・なわとび遊び【陸上遊び】

スラローム競走

ねらい ●いろいろなスラロームをスピードコントロールして走ることができる。

用意するもの／コース設定 旗

① 直線・ジグザグ・回転を含むスラロームターンの5コースをつくる。
② どのコースが速く走れるかいろいろ走ってみる。
③ 各グループで、いろいろなコースでリレーゲームをする。

指導のポイント

●直線は加速できるが、ターンや回転はスピードが遅くなることをわからせる。

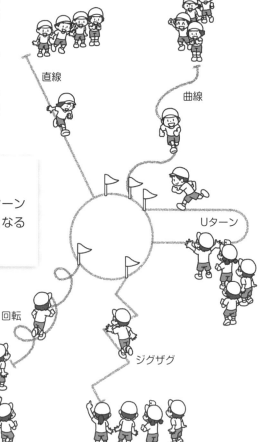

直線

曲線

Uターン

回転

ジグザグ

陸上・なわとび遊び【陸上遊び】

スラローム旗とり競走

ねらい ●走力が同じ場合、走路の違いによって、速くなったり遅くなったりすることがわかる。

対象
幼児、低学年

人数
1グループ5〜6人

用意するもの／コース設定　旗

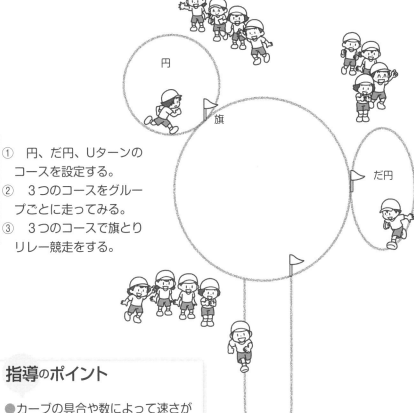

① 円、だ円、Uターンのコースを設定する。
② 3つのコースをグループごとに走ってみる。
③ 3つのコースで旗とりリレー競走をする。

指導のポイント

●カーブの具合や数によって速さが変わること、カーブが急だったり細かくなるとスピードが落ちることをわからせる。

もうじゅうがり遊び

ねらい ●走ったり、とんだり、くぐったり、投げたり
など、複合的な能力を身につける。

**用意するもの／段ボール　平均台　短なわ　紅白玉
など**

対象
低・中学年
人数
1グループ5〜6人

① 　これまでに紹介した陸上遊びなどを組み合わせて、い
ろいろなコースをつくり、走ってみる。
② 　次に紹介するのはその1例なので、さまざまな組み合
わせを考えるとよい。

もうじゅうがりコースの例

❶段ボール走
❷ジグザグ走
❸グルグル走
❹ケンパとび
❺平均台
❻川とび
❼もうじゅうがり

の順番に走る。

指導のポイント

●これまでにやったものを工
夫して、リズミカルに全員
がとべるようにする。

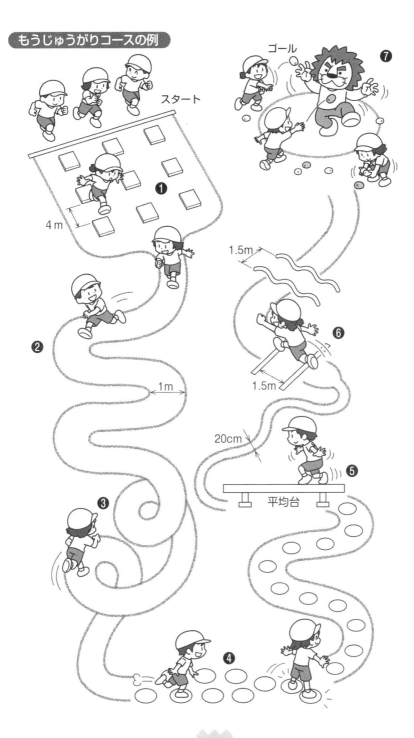

もうじゅうがりコースの例

スタート

ゴール

❼

❶

4 m

❷

1.5m

1 m

❻

1.5m

20cm

❺

平均台

❸

❹

陸上・なわとび遊び【陸上遊び】

陸上・なわとび遊び【陸上遊び】
短距離走

ねらい ●スタートダッシュを含む最高スピードを維持する。

① ゆっくりスタートして、短い距離を全力で走る。
② ももは平らになる所まで上げて練習する。10秒～20秒ぐらいでやる。
③ 大股で走り、ストライドを広げる練習をする。

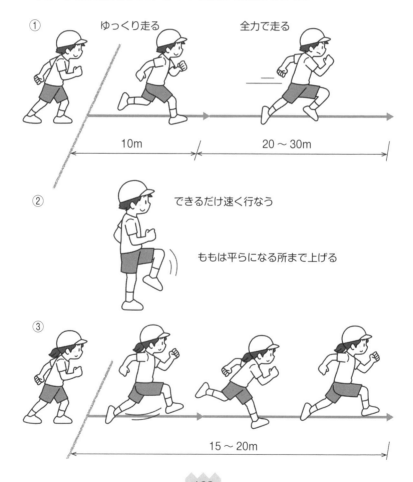

① ゆっくり走る　全力で走る
10m　20～30m

② できるだけ速く行なう
ももは平らになる所まで上げる

③ 15～20m

162

中間疾走の練習

1　背筋を伸ばし、体全体を前に押し出すようにする。

2　ももを意識的に引き上げ、体を反りすぎないように注意する。

3　腕の振りを大きくし、ストライドを広げる。

上体を前に押し出す　　体が起きすぎないように　　上体が後ろに反らない　　ももが上がらないと
　　　　　　　　　　　　　　　　　　　　　　　ようにキックを強める　　ストライドが広がらない

ひじはほぼ90°に曲げ、
体側と平行に振る

ひじを伸ばして振ると
全体のバランスが悪くなる

スタンディングスタートの練習

1　位置について。　　　2　前足をラインに合わせる。　3　用意。

前足に重心を
のせ、上体を
低くする

2〜3m先を
見る

1歩後ろに
立つ

スタートライン

リレー

<table>
<tr><td rowspan="2">ねらい</td><td>●受け手も渡し手も、トップスピードでのバトンパスができるようになる。</td></tr>
<tr><td>●グループが一番速く走れるオーダーを考える。</td></tr>
</table>

対象
中・高学年
人数
1 グループ 5〜6 人

用意するもの／ダッシュマーク（紅白玉）…受け手のスタートタイミング地点に置く　ラインカー　メジャー　バトン

① 渡し手がどこまで近づいた時にスタートを切ればよいのか、受け手がスタートするタイミングを測るマークを決める。

② 地面に1mごとに線を引き、受け手と渡し手を走らせる。

指導のポイント

●バトンパスのペアは、タイミングよく上手にバトンパスができるまで、固定して練習するようにする。

③ A・B間の20mは、渡し手がトップスピードに至るまでに必要な距離。

④ B・C間の20mは、受け手がバトンを持たずに走れるリード距離でありリレーゾーン。

⑤ 例えば、渡し手が3m地点に来たら受け手は逃げる。渡し手が受け手に追いついたら背中や肩にタッチする。

⑥ 今度は4m地点でやってみる。タッチできなくなる距離までやる。渡し手がタッチできなくなった地点の1m手前の場所が、受け手のスタートのタイミング地点となる。

⑦ これが決まれば、バトンを使ってやってみる。渡し手が受け手のスタートタイミング地点に来たら、「スタート！」と言い、受け手の1m手前で「手！」と言って、受け手がすぐに手を出してバトンをもらう。

リレーの練習 バトンパスのタイミングをつかむ

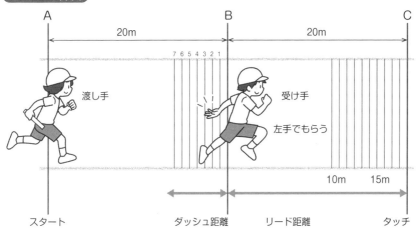

【例】

Aがこのこの距離まで近づいたらBがスタート

ダッシュ距離	2 m	3 m	4 m	5 m	6 m	7 m		ダッシュマーク
渡し手A 受け手B	3 m	5 m	12m	16m	20m	×		5 m地点 (16歩)

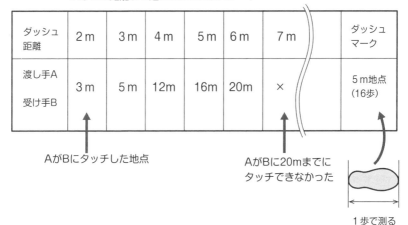

AがBにタッチした地点

AがBに20mまでにタッチできなかった

1歩で測る

この例の場合、解説⑥によれば、Aが6mまで近づいた時にBがスタートすることになる。しかしバトンゾーンが20mぎりぎりなので、ここではダッシュ距離5m地点をBのスタートタイミングとする。

陸上・なわとび遊び【陸上遊び】

ハードル走

 ねらい ●ハードルにおける連続的なリズムをコントロールしながら走ることができる。

対象
中・高学年
人数
1グループ5〜6人

用意するもの／ハードル　ストップウォッチ

① 振り上げ足を意識して練習する。

② 振り上げ足をまっすぐに振り出し、バランスをとりやすくする。

③ 振り上げ足の裏が見えるように振り上げる。

④ 次に、踏みきり位置をハードルから遠くする。

⑤ そして、振り上げ足が着地する地点より抜き足（踏みきり足）が前に来るようにする。

⑥ 踏みきる時は、上体を前かがみにし、腕を前へ突き出しながら、上体が浮き上がるのを防ぐ。

⑦ 振り上げ足がハードルの上まで来たら、かきこむようにして着地を早くし、踏みきり足の第1歩が前方へ伸びるようにする。

低くとんで上体を前傾させる

ハードル走の練習　振り上げ足をまっすぐ上げる

まっすぐ上げると正面から足の裏がよく見える

【悪い例】

上体をやや
前に倒す

足の引きつけ
を早く

3歩のリズムでとぶ練習

着地（トン）（イチ）　　（ニイ）　　（サン）

ハードルの横で抜き足の練習

足先が外を向く

ひざを前に
引き上げる

167

陸上・なわとび遊び【陸上遊び】

走り幅とび

ねらい ●踏みきり板を目標にした助走のスピードと、踏みきり準備の際のスピードコントロールがうまくできるようにする。また、それによって遠くまでとぶことができる。

<table>
<tr><td>対象
中・高学年</td></tr>
<tr><td>人数
1グループ5～6人</td></tr>
</table>

用意するもの／メジャー　トンボ

① ももを引き上げて力強く踏みきる。
② 体を伸ばして反らせる。
③ 足を前方向に振り出すようにする。
④ 腰を落とさずに着地する。

踏みきりの練習

1 踏みきりと同時に、一方の足のももを強く引き上げる。
  3歩または5歩助走くらいで練習する。
2 踏みきりと同時に両腕を肩から上に上げる。
3 足の裏全体で地面を強く叩くようにして踏みきる。

強くジャンプする

かかとからついて足裏
全体でジャンプする

助走から踏みきりの練習

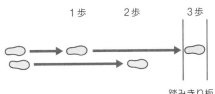

1歩　　　2歩　　　　3歩

踏みきり板

1　3歩助走で踏みきり足を合わせ
　　る（各自の踏みきり足を左右どち
　　らか決めておく）。
2　5歩助走で踏みきり足を合わせ
　　る。
3　15〜20mの助走路で各自の助
　　走距離を見つけるようにする。

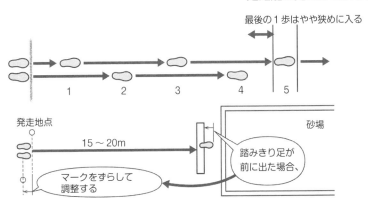

最後の1歩はやや狭めに入る

1　　　2　　　3　　　4　　　5

発走地点

15〜20m

砂場

踏みきり足が
前に出た場合、

マークをずらして
調整する

169

陸上・なわとび遊び【陸上遊び】

走り高とび

ねらい ●助走からの上方への踏みきりによる空間感覚
と、バークリアのおもしろさがわかる。

対象
高学年
人数
1グループ5〜6人

用意するもの／高とび用スタンド　バー（ゴムひも）

① 振り上げ足がバーを越したらすぐに下に振り下ろし、踏みきり足
を強く胸に引きつける。
② 上半身を助走路側にねじるようにしてバーを越す。
③ このねじりによって、立っていた体を横に倒し、腰でバーを落と
さないようにする。

上体を倒して
バーを越す

バーの方向を
向いた着地

【踏みきりと助走角度】

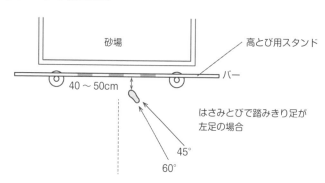

砂場

高とび用スタンド

バー

40〜50cm

はさみとびで踏みきり足が
左足の場合

45°

60°

5歩助走の練習

1　踏みきり足（きき足）からスタートする。

2　はじめの2、3歩まではやや前傾して走り、スピードを上げる。

3　4、5歩目で上体を起こし、かかとをつけて歩幅をやや広くとって踏みきる。

（左）（右）　（左）　　　（右）　　　　（左）

スピードを上げていく

やや広めにとる

約50cm

踏みきり地点

上体を起こして
踏みきりに入る

7歩助走の練習

1　5歩で調子よくとべるようになったら、7歩でとんでみる。

2　踏みきり足からスタートして、はじめの3〜5歩はやや前傾してつま先で走り、スピードを上げていく。

3　後半は次第に上体を起こしてかかとをつけ、歩幅をやや広げて踏みきりに入る。

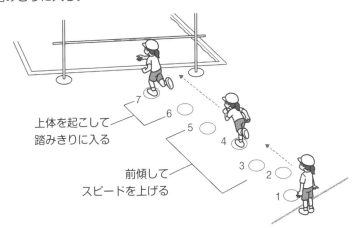

上体を起こして
踏みきりに入る

前傾して
スピードを上げる

陸上・なわとび遊び【陸上遊び】

持久走 （ペースランニング）

ねらい ●長い距離を楽しく、気持ちよく走ることができる。
●自分のペースを考え、コントロールして走れるようにする。

対象
全学年
人数
1グループ5〜6人

用意するもの／ストップウォッチ　記録用紙

持久走の練習

ペースを設定する
500mくらいを気持ちよい速さで走る。

第1次ペースの定着をはかる
① 500mほどの距離を3回くらい走り、自分のペースをつかむように練習する。
② 歩幅をほぼ一定に保って、リズムを整える。
③ 呼吸のリズムをほぼ一定にして走る（「スス・ハハ」のリズムに注意して走る）。
④ 地面を見て速さを感じとるようにして走る。

ペースの設定方法と記録表

（　　　　）m持久走の記録		年　　組　　氏名		
第1回目試走	月　日	分　秒	試走タイムとの誤差	脈拍数
第2回目	月　日	分　秒	分　秒（早い／遅い）	
第3回目	月　日	分　秒	分　秒（早い／遅い）	
第4回目	月　日	分　秒	分　秒（早い／遅い）	
目標タイム（ペース修正）	月　日	分　秒	目標タイムとの誤差	
第5回目	月　日	分　秒	分　秒（早い／遅い）	
第6回目	月　日	分　秒	分　秒（早い／遅い）	

同じペースで距離を延ばす

① 1000mくらい走ることを予想して、500mを楽なペースで走り、第1次ペースを設定する。

② 100mペースを決める（500m÷5）。

③ 実際に走る距離の目標タイムを決める。例えば1000mなら、100mのペースの10倍を目標タイムにする。

④ 距離が延びてもペースを崩さずに走り続けられるかどうかをみる。

ペースランニングの記録表

持久走の記録　　　　年　　組　　氏名			
2000mを走るつもりで500mを楽に走る（そのタイム÷5）			
100mのペースを決める			
500mの試走タイム　　分　　秒　　÷5＝100mのペース　　分　　秒			
1000mの目標タイム　　分　　秒　　2000mの目標タイム　　分　　秒			
		1000mタイム	ペースとの誤差
1回	月　　日	分　　秒	分　　秒
2回	月　　日	分　　秒	分　　秒
		2000mタイム	ペースとの誤差
1回	月　　日	分　　秒	分　　秒
2回	月　　日	分　　秒	分　　秒

その場とび

ねらい ●なわが自分の手前に来た時、その場でとび、なわを止めずに送るタイミングをつかむ。

対象
幼児、全学年
人数
1グループ4〜5人

用意するもの／短なわ

その場とび

① 両手でなわを持ち、かるく前から後ろへ動かし、それをとび越すようにする。

② 次に後ろから前へ動かし、その場とびをする。

指導のポイント

●教師が笛やタンバリン、かけ声でリズムをとってやると、リズミカルにとべるようになる。

その場とびの練習

一人小波

後ろへ

前へ

連続その場とび

前へ　後ろへ

前まわしとび

①　その場とびに慣れてきたら、なわを後ろから前へまわし、両足その場とびでとび越すタイミングをつかむ。声に合わせてとぶ練習をする。

②　1回旋1跳躍ができるようにしていく。つま先でとぶ練習をする。

③　うまくなってきたら、2人の仲よしとびができるようにする。

前まわしとびの練習

両足その場とびで、とび越すタイミングをつかむ。

2人で仲よしとび

向かい合って

横に並んで

前まわしとびのいろいろ

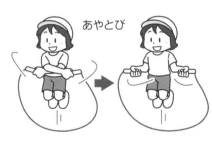

あやとび

片足とび

交差とび

陸上・なわとび遊び【なわとび遊び】

かけ足とび

ねらい
- かけ足をしながら、手と足の協応動作をリズミカルにできるようにする。
- とぶリズムとなわのリズムを合わせることができる。

対象
幼児、低学年
人数
1グループ4〜5人

用意するもの／短なわ（1人2本）

まねっこかけ足とび

① ゆっくり走りながら、左右のなわを手首を使って同時にまわす。

② 慣れてきたら、なわが手前の地面に来た時に、きき足をなわより前に出してそのタイミングをつかむ。

③ 走りながら続けて何回もできるようにする。

指導のポイント

- かけ足がはじめから速くならないようにして、走るリズムに合わせてなわを送れるようにさせる。

まねっこかけ足とびの練習

かけ足をしながら、左右のなわを同時にまわす。

176

かけ足とび

① ゆっくり走りながら、なわをまわすリズムをつかむ。
② はじめは2、3歩に1回とべるようにする。
③ なわとびらしいリズムができてきたら、1歩に1回のリズムに変えてとぶ。
④ リズムがつかめてきたら、走る速さを強めていくようにする。

かけ足とびの練習 かけ足をしながらなわをまわしてとぶ。

なわ慣れ遊びのいろいろ

自分でとぶ

相手にとばせる

なわが来たらピョンととぶ

2人一緒にとぶ

二重とび

ねらい ●とぶリズムとなわのリズムを合わせて、1回旋2回とびができるようにする。

対象	中・高学年
人数	1グループ4〜5人

用意するもの／短なわ　ジャンプ台

① 　通常、なわの長さは、両足でなわを踏み、へそからみぞおちの間にグリップがくる程度にする。しかし、二重とびのようにまわす回数が速くて多いとび方では、なわの長さは短めのほうが無駄のないまわし方ができる。

② 　ひじの内側を体にすらすように脇をしめ、ひじはだいたい90°に曲げた姿勢を保つ。

③ 　腕の動きは、前後に動かすことを意識してまわすようにする。

④ 　まわすことに慣れてきたら、ジャンプ台を使って、高くとんでいる間に2回まわす練習をする。1回できたら2回続けてとべるようにする。「トン（ジャンプ）、ビュンビュン（2回まわし）」のリズムをおぼえるとよい。

二重とびの練習

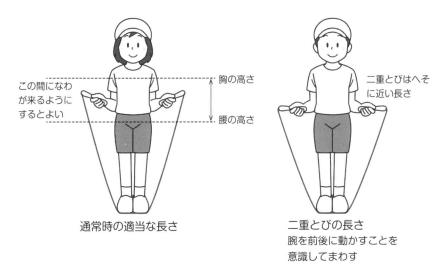

この間になわ
が来るように
するとよい

胸の高さ

腰の高さ

二重とびはへそ
に近い長さ

通常時の適当な長さ

二重とびの長さ
腕を前後に動かすことを
意識してまわす

【悪い例】　脇が開いてしまっている

ジャンプ台を使って練習

高くとんでいる間に2回
まわすことに慣れる。

陸上・なわとび遊び 【なわとび遊び】

大波小波

ねらい ●長なわを２人で持ち、もう１人がなわのリズムに合わせて、中に入ってとんだり外へ出たりするタイミングをつかむ。

対象
幼児、低学年
人数
１グループ５〜６人

用意するもの／長なわ

① 最初は教師がなわの片方を持ち、子どもの速さに合わせて振る。
② 慣れてきたら、「大波小波、くるりとまわって猫の目」などの歌に合わせて10回くらいできるようにする。
③ 今度は外から波の中に入って、外へ出ることができるようにする。

指導のポイント

●「うさぎさん」「ゆうびんやさん」など、歌に合わせてリズミカルにとべるようにする。

教師が片一方を持って練習

まわっているなわの中にとびこんで、
リズムに合わせてとぶ

歌に合わせてリズミカルにとぶ

波の中から外へ出る

陸上・なわとび遊び【なわとび遊び】

長なわとび

ねらい　●長なわのまわっているリズムに合わせて、タイミングよく連続してとべるようにする。

対象
全学年
人数
１グループ５〜６人

用意するもの／長なわ

① とんでいる途中から波を大まわしにする。この時、なわをまわす人は、とんでいる人のリズムを崩さないようにする。

② 最初はなわの片方を教師が持ってやると、リズムがつかみやすい。

③ とぶ人がその場とびをするのと、まわす人がまわし始めるタイミングを同時にするようにする。

④ 慣れてきたら、はじめから大まわしにして、まわっているなわに引っかからずにくぐり抜けさせる。

⑤ 今度は、まわっているなわへ外から入りこんで、その場とびをして、外へ出られるようにする。

指導のポイント

●歌などに合わせてやると、リズムがとりやすい。

入る

その場とび

外へ出る

182

水遊び

　水遊びの学習では、中心に「呼吸」を位置づけることが大切です。いろいろな水遊びを楽しみながら、泳げるようになるために必要な呼吸を習得させるのです。
　水遊び指導の内容としては、
①　水の中で息ができないという恐怖心を取り除く呼吸法を習得する。【息の止め方・吐き方・吸い方】
②　水の中でバランスを崩しても、すぐに姿勢を元に戻すことができる。【水中での姿勢制御】
③　水の中でリラックスできる。【身体の脱力】
の３つがあげられます。
　ここでは、呼吸、姿勢制御、脱力を身につける水慣れ遊び、もぐる遊び、浮く遊びを取り上げています。
　呼吸法は、息を止めておいて静かに顔を上げ、まとめて「パッ」と吐くやり方です。この方法を習得すれば、かならず呼吸は確保できます。

水遊び

呼吸のしかた

対象
幼児、低学年
人数
１グループ４〜５人

ねらい ●口だけで呼吸ができるように、息の止め方・吐き方の基本を身につける。

指導のポイント

●口のあけ方は、奥歯が見えるように、指３本が縦に入るくらいに開かせる。

① プールサイドで足を伸ばして座る。

② 鼻をつまんで、口だけで深呼吸をする（大きく「吐く・吸う」ができるようにする）。

吐く・吸う

吸って
吐いて

③ 手を使わずに、口だけの呼吸ができているか確かめる。

吐く・吸う

吸って
吐いて

④　今度は、アゴの動きをつけて、まとめてパッと息を吐く練習をする。

　※下を向いて「イチ・ニイ」と息を止め、目はおへそを見ておく。

⑤　「サァーン」でゆっくりアゴを上げて顔を起こす。

⑥　「パッ」（声を出さない破裂音）でおなかの空気をまとめて吐くようにする。

⑦　④に戻って繰り返す。20回くらいできるようにする。

水遊び

シャワー遊び

ねらい ●シャワーの中で、目をあけることや、息を止めたり吐いたりできるようにする。

対象
幼児、低学年
人数
1グループ4〜5人

用意するもの／じょうろ

じょうろ遊び

① 2人組でジャンケンをする。勝ったほうが、友だちの額の上にじょうろで少しずつ水をかける。
② 水をかけられる人は、下を向かず前のほうを向いてやる。
③ 水をかけられた人は、顔を起こして「パッ」と息を吐き、水を吹きとばす。

シャワーで息つぎ

① シャワーの下で、水を浴びながら息つぎをする。頭の後ろからシャワーを浴び、「パッ」と息を吐く。
② 今度は、顔のほうからシャワーを浴びて息をする。「パッ」と吐いたら、早く口を閉じる。

シャワー呪文

① 両手を合わせ、何か呪文を唱えながら、最後に「パッ」と息を吐く。
※「パッ」と同時に目をあけさせれば、水をいやがる子どもでもそのうち挑戦するようになる。

指導のポイント

●頭から水をかけられると、目や鼻や口を流れるのですぐ手で拭こうとする子どももいる。息を「パッ」と吐けば、水が気にならなくなることをわからせる。

じょうろ遊び

じょうろ

下を向かずに
前を向こう

シャワーで息つぎ

息をする時は
顔を起こす

息を吐いたらすぐ
に口を閉じよう

シャワー呪文

水遊び

おじぞうさんごっこ

ねらい ●息を止めて、まとめて「パッ」と吐く呼吸の
リズムを身につける。

<table>
<tr><td>**対象**
幼児、低学年</td></tr>
<tr><td>**人数**
1グループ4～5人</td></tr>
</table>

① 2人向かい合って、1人が自分の
好きなかっこうのおじぞうさんにな
る。
② もう1人が、笛の合図でおじぞう
さんに水をかける。
③ おじぞうさんになっている人は、
水が顔にかかったら、まとめて「パ
ッ」と息を吐き、顔にかかっている
水を吹きとばす。
④ ③を連続してできるようにする。

指導のポイント

●最初は、教師がおじぞうさん
になってやってみる。できる
だけたくさん上から水がかけ
られるように工夫させる。

最初は教師がおじぞうさん

笛の合図でスタート！

水が顔にかかったら

水遊び

もぐり鬼

ねらい ●水の中で息を止めて、顔を上げて呼吸ができる。

対象
低・中学年
人数
1グループ4～5人

① 教師が鬼になる。鬼につかまった人は、頭まで水の中にもぐる。

② 鬼につかまりそうになっても、口が水につくまでしゃがんでいれば、つかまらないことにする。

③ 鬼を、教師からやりたい子どもに替えていくようにする。

④ 鬼の人数も少しずつ増やしていくと動きが活発になり、おもしろい。

指導のポイント

●つかまりそうになって夢中で逃げるうちに、口まで水につかっても平気になる。自然に水に慣れさせるようにする。

水遊び

発明浮き

ねらい ●いろいろな水中でのポーズを考え出すなかで、腰が浮く浮き方や沈む浮き方があることがわかる。

対象
幼児、低学年
人数
1グループ4〜5人

【声かけ】
「(息を)吸ってー・吐いてー・吸ってー(ドボーン)」
「イチ・ニイ・サァーン・パッ」

① グループ(4〜5人)で、いろいろな浮き方を考え、命名する。
② 実際にできるかどうかグループで試してみる。
※水面から顔が出たら「パッ」と息をまとめて吐く。
③ 背中や腰が浮く浮き方と、腰が沈む浮き方に分ける。

指導のポイント

●体の使い方で浮いたり沈んだりすることを、遊びを通してわからせる。
●アゴの動作、力の入れと抜き、体の形で浮きがどのように変化するのかわからせる。

発明浮きの例

忍者浮き　　　　　おがみ浮き

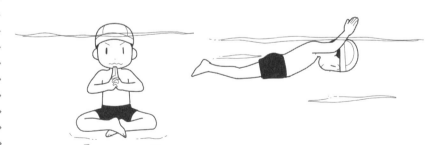

192

スーパーマン浮き

ダルマ浮き

ラッコ浮き

クラゲ浮き

ヒトデ

大の字浮き

【発明浮きを分類する】

【腰まで浮く浮き方】　●クラゲ浮き　●大の字浮き　●ダルマ浮き　…

【腰が沈む浮き方】　●スーパーマン浮き　●ヒトデ　●忍者浮き　…

アザラシの変身

ねらい ●水平の姿勢から伏し浮きができる。

対象
幼児、低学年
人数
1グループ4〜5人

【声かけ】
「アザラシさーん」
「へんしーん」
「カバさーん」
「イチ・ニイ・サァーン」(パッ)

① 両手をついて「アザラシ」になる。
② 「へんしーん」では、手を放して腕を前に伸ばし、耳の横につける。
③ 「カバさーん」では、体の力を抜いて伏し浮きになり、「イチ・ニイ・サァーン」の間は力を抜いて浮く。
④ 「パッ」で手をついて体を支え、息をまとめて吐く。

指導のポイント

●この遊びは、浮くのが怖いと思えばすぐに両手をつくことができる。腕を伸ばして浮いたり、手をついたりするなかで、浮くことに安心して挑戦できる。
●浮くことに慣れてきたら、「カバさーん」で浮いている時間を長くしたり、①〜④を連続して行なう。

① アザラシさん

② アザラシさんの変身

③ カバさん

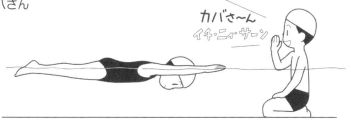

④ 手をついて「パッ」

水遊び

メリーゴーランド

ねらい ●浮く感覚を養い、体が水に浮いたままで呼吸
できるようにする。

対象
低・中学年
人数
1グループ4〜5人

指導のポイント

●全身をリラックスさせて、後頭部
に水をつけ、フワーッと水に浮い
た感覚のおもしろさを感じる。
●友だちと協力して、助け合って遊
ぶようにする。

① 4人一組で輪になって手をつなぎ、交互に赤白
を決める。
② 左（右）まわりに歩き、「赤」と言ったら赤の
人があおむけになる。白の人は、手を少し上に引
っぱるようにして歩く。

196

③　あおむけの人は、力を抜いて腰を水に浮かせる。

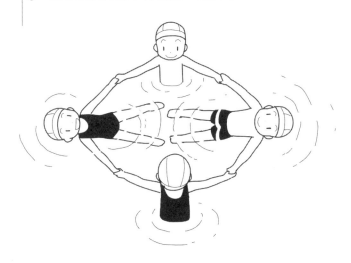

④　これを交互に続けて行なう。6人や8人グル
　ープへと人数を増やしていくとおもしろい。
⑤　歩くスピードを次第に速くして、勢いがつい
　た頃、いっせいに手を放す。

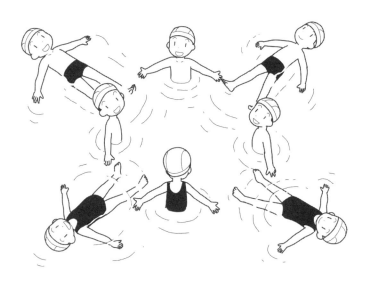

水遊び

水中花

ねらい ●みんなで協力して、呼吸を整え、息を止めて、リラックスして浮けるようにする。

① 1グループ（5～6人）で、内を向いて手をつなぎ、大きな輪になる。

② 手をつないだまま肩までつかり、顔だけ出す。

③ 「イチ・ニイ・サン」の合図で、全員大の字で浮く。おへそを見て息を止める。

④ できるだけ長く息を止めて、手足を開いておく。

⑤ うまくなってきたら、時間競争をしたり、美しさを比べ合ったりする。

指導のポイント

●長く浮くためにはみんなの協力が必要であることをわからせ、グループで教え合いをさせる。

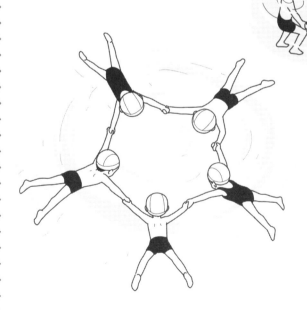

198

編著者紹介

黒井信隆（くろい・のぶたか）

1949年生まれ
元大阪府東大阪市立大蓮小学校教諭
学校体育研究同志会会員　元大阪保育研究所研究員
現在、学校体育研究同志会大阪支部OB・OG会会長
【著書】
『0〜5歳児のたのしい運動あそび』『すぐできる！クイック体育遊び＆
体ほぐし』『つまずき解消！クイック体育上達法』『軽度発達障害[LD・
ADHD・高機能自閉症など]の子を支援する体育遊び』ほか（いかだ社）
『子どもを伸ばす形成的評価』『体育のめあてを生かす授業と評価』（日
本標準）『教育実践事典』（労働旬報社）『幼児・学童期の運動あそび』『ワ
ッとわく授業の上ネタ』1〜3年・4〜6年（フォーラム・A）
雑誌『たのしい体育・スポーツ』（創文企画）『スポーツのひろば』（新
日本スポーツ連盟）などに執筆

イラスト（あいうえお順）●今田貴之進／種田瑞子／YUME
本文DTP●渡辺美知子デザイン室

まるごと体育遊び・ゲーム

2021年3月12日　第1刷発行

編著者●黒井信隆©
発行人●新沼光太郎
発行所●株式会社いかだ社
〒102-0072東京都千代田区飯田橋2-4-10加島ビル
Tel.03-3234-5365　Fax.03-3234-5308
E-mail info@ikadasha.jp
ホームページURL　http://www.ikadasha.jp
振替・00130-2-572993
印刷・製本　モリモト印刷株式会社

好評既刊

軽度発達障害【LD・ADHD・高機能自閉症など】の子を支援する体育遊び
豊かな運動感覚づくり
黒井信隆【編著】 定価（本体1,600円＋税）

「不器用」な子にこそ、運動の楽しさを！ 運動面で困難が見られる子どもたちが基礎的運動感覚を豊かに身につけるための固定施設、器械運動、ボール、陸上、なわとび、水あそびから56の遊びを紹介。

- -

特別支援に役立つハンドブック vol. 1
体育遊び・ゲーム
体を動かす楽しさを伝える教材BEST30
大宮とも子【編著】 定価（本体1,400円＋税）

走ることに苦手意識のある子、動きをまねるのが難しい子、人との関わりがなかなか持てない子、運動に自信がない子、集団の中で力を発揮できない子……。みんなで一緒に楽しめる教材と取り組み法を、豊富な図解で紹介。

- -

まるごと日本の踊り＆組立表現
小学校運動会BOOK演技編Part 2
身体表現する楽しさを！授業にも役立つセレクション
黒井信隆【編著】 定価（本体1,800円＋税）

運動会の花形＝団体演技。感動を呼ぶ民舞・組立表現のベストセレクション第2集。動き方・振付・運動会の構成例・指導のポイントなどを丁寧に図解しています。

【組立表現】組表現をしよう！／MIKAGURA,PEACE and LOVE／地球の誕生、そして未来・21世紀へ

【日本の踊り】よさこいソーラン／大森のみかぐら／ミルクムナリ／安里屋ユンタ／唐船ドーイ／こきりこ

- -

みんなでなでしこ まるごと女子サッカー上達法
「じゃまじゃまサッカー」からはじめる男女フットボール学習
山本雅行【編著】 定価（本体1,800円＋税）

小学校でこそもっと男女協同でサッカーを学ぼう！ 鬼ごっこ、しっぽ取りゲームなどサッカー学習に役立つ遊びからミニゲームまで。楽しみながら身につく教材が満載。家庭でもできる練習カード、ボール操作の基本、作戦・戦術の学習を含めた授業づくりのアイデアも。